Claudia Grötzebach

Vorsicht! Manipulation

Unfaire Dialektik erkennen und ihr wirkungsvoll begegnen

POCKET BUSINESS

Cornelsen

Die Autorin
Claudia Grötzebach ist DGSL-anerkannte Suggestopädin und seit mehr als 15 Jahren in Training und Beratung tätig.

Verlagsredaktion: Ralf Boden
Technische Umsetzung: Holger Stoldt, Düsseldorf
Umschlaggestaltung: Katrin Nehm, Berlin
Titelfoto: © Jason Hetherington/Getty Images

Informationen über Cornelsen Fachbücher und Zusatzangebote:
www.cornelsen-berufskompetenz.de

1. Auflage

Druck: Druckhaus Berlin-Mitte

ISBN: 978-3-589-23401-1

Inhalt gedruckt auf säurefreiem Papier
aus nachhaltiger Forstwirtschaft.

Vorwort

Manipulationen abwehren, schlagfertig sein … Das sind Fähigkeiten, die sich viele wünschen und die so manche heldenhafte Assoziation wecken. Dieses Buch wird Sie leider nicht zu einem Helden machen, Ihnen allerdings dazu verhelfen, selbstbewusster und souveräner zu handeln und zu reagieren. Es wird Ihnen aber auch zeigen, dass es manchmal besser ist, nicht zu handeln, wie anstrengend es sein kann, angemessen zu handeln und dass für die Abwehr von Manipulationen Fleiß vonnöten ist.

Sie werden auch nach der Lektüre nicht sicher sein können, dass Sie nie mehr attackiert werden, doch eines werden Sie: meistens entspannter und erfolgreicher handeln! Also viel Spaß beim Analysieren, Studieren und Anwenden!

Bergisch-Gladbach,
im Frühjahr 2007 *Claudia Grötzebach*

Inhalt

1 Souveränität und unfaire Dialektik

Der Zweck dieses Buches

„Der Sachwalter der Tugend muss alle Ränke kennen, die seinen Gegenstand verunglimpfen könnten, ebenso wie der wahre Gottesgelehrte ohne gründliche Erkenntnis des Teufels nicht zu denken ist."

Adam Müller (Staatsphilosoph)

In Ihrem Beruf und Ihrem Privatleben haben Sie sicherlich schon oft erlebt, dass man Sie „über den Löffel balbiert" hat, Sie austrickste oder zu Handlungen oder Aussagen zwang, die Sie freiwillig nie getätigt hätten. Unfairen Schachzügen und Vorgehensweisen begegnen wir immer und überall.

Doch nicht alles, was Sie als unfair empfinden, ist auch wirklich eine Attacke. Und echten manipulativen Schachzügen sind Sie sind nicht hilflos ausgeliefert.

Wenn Sie die Grundstrukturen und Basiselemente unfairer Strategien kennen, werden Sie auch mit unangenehmen Situationen besser und souveräner umgehen. Sie können sowohl Ihre Mitmenschen als auch sich selbst besser verstehen, die Übersicht behalten und künftig souveräner handeln. Damit erreichen Sie Folgendes:

- Sie werden gelassener.
- Sie fühlen sich seltener angegriffen.
- Sie bekommen Ihre Impulse zur negativen Kommunikation besser in den Griff.
- Sie reagieren freier.
- Sie durchschauen die Vorgehensweisen Ihrer Gesprächspartner und Mitmenschen schneller.
- Sie werden weniger manipulierbar.
- Sie machen mehr Eindruck.

- Sie werden effektiver.
- Sie arbeiten zielgerichteter.
- Sie haben mehr Erfolg.

Unfairness ist keine Manipulation

Dabei ist aber eine klare Grenze zwischen Unfairness und Manipulation zu ziehen.

- Manipulation steht für eine bewusste Beeinflussung in eine bestimmte Richtung, oft zum Schaden des Beeinflussten. Das ist sozusagen die letzte Stufe der Unfairness.
- Unfaire Dialektik dagegen ist weiter gefasst und beschäftigt sich mit unfairen, also nicht anständigen oder nicht angemessenen Verhaltensweisen im Privat-, Geschäfts- und Berufsleben.

Vielleicht werden Sie etwas enttäuscht sein, weil sich dieses Buch relativ wenig mit Manipulationen zu beschäftigen scheint, doch in der Realität spielen echte Manipulationen, also gezielte Beeinflussungen unter Inkaufnahme, dass ein anderer Schaden nimmt, eine eher untergeordnete Rolle.

Die meisten Attacken und Ereignisse, die wir als unfair empfinden, sind eher Unglücksfälle, Missgeschicke und spontane Ausbrüche, bei denen es eher an uns liegt, die Situation angemessen zu bewältigen. Und genau dabei möchte ich Ihnen helfen.

Wann sind Verteidigungsstrategien gegen Unfairness erfolgreich?

Woran aber können Sie messen, ob Sie mit Ihren Verteidigungsstrategien Erfolg haben?

Wenn Sie es einem anderen so richtig gezeigt haben? Das höre ich in meinen Seminaren häufig: Rache, es dem anderen mal so richtig heimzahlen. Oder dafür sorgen, dass solche üblen Aktionen und Übergriffe in der Zukunft unterbleiben!

Aber Rache bringt Ihnen nicht viel, sondern führt oft in eine sehr ungesunde Aggressionsspirale, die einen hohen Preis fordert. Was Sie auch nicht immer erreichen können ist, dass Ihnen Ihr Gegenüber „niemals“ mehr übel mitspielt. Manche sind einfach unbelehrbar. Nein, ein echtes Ziel kann sich nicht aus Rache, Angst oder Triumph herleiten.
Denn Unfairness bewirkt üblicherweise eines: Sie bringt Sie meist von Ihren Zielen ab und aus dem Gleichgewicht. Und genau das will echte Unfairness bewusst erreichen.

> Daher sollten Ihre Verteidigungsbemühungen vor allem eines zum Ziel haben: Ihre Souveränität herzustellen oder zu bewahren.

Und was ist Souveränität? Souveränität ist eigentlich ein Begriff, der aus der Politik stammt. Souveränität heißt unter anderem, und exakt das ist für unseren Bereich relevant, vom Einfluss anderer unbeeinflusst zu handeln.
Erfolgreiche Verteidigungsstrategien haben ein Ziel: Sie sollen Ihnen helfen, souverän zu handeln, also nicht länger Spielball und Marionette anderer zu sein, sondern ganz allein auf Ihre Interessen und Ziele gerichtet zu handeln. Sie sollen Ihr Gleichgewicht bewahren.
Das klingt im ersten Moment etwas schwach? Täuschen Sie sich nicht, denn das größte Problem bereiten Sie jemand, der Sie unfair attackiert, indem Sie sich so verhalten, dass Sie erstens Ihre Ziele erreichen und zweitens zeigen, dass seine Bemühungen nichts fruchten. Er sich also nach Ihnen richten muss und nicht Sie sich nach ihm.
So zeigen Sie, dass Sie in jeder Lage den Überblick behalten und ausschließlich nach eigenem Gutdünken handeln. So üben Sie Macht aus und sorgen garantiert dafür, dass ein Aggressor sich an Ihnen die Zähne ausbeißt – und wer zahnlos ist, kann nicht mehr beißen.

Deswegen wird Ihnen dieses Buch nicht bei Ihrer Rache oder Revanche helfen, wohl aber bei dem Bemühen, Ihr Leben künftig souverän zu gestalten.

So sollte es sein

Gebote und Ziele der „guten“ Kommunikation

„Gute“, also gelingende Kommunikation versetzt Menschen in die Lage, so miteinander umzugehen, dass Missverständnisse und Störungen weitgehend vermieden werden. Letztendlich sollen sie miteinander arbeiten und kooperieren, statt sich gegenseitig das Leben schwer zu machen.

„Gute“ Kommunikation zielt darauf ab, dass

- sich alle Beteiligten gut fühlen,
- alle Beteiligten gewinnen,
- alle Beteiligten geachtet werden,
- für alle Beteiligten tragbare Ergebnisse erzielt werden,
- alle Beteiligten überzeugt werden.

Wie erreicht man das?

Bestimmte Verhaltens- und Kommunikationsmuster haben sich als vorteilhaft herauskristallisiert, um Menschen kommunikations-, denk- und arbeitsfähig zu machen:

So gelingt Ihre Kommunikation

- Überreden Sie nicht, überzeugen Sie.
- Lassen Sie dem anderen Zeit zum Mitdenken und Nachdenken.
- Sprechen Sie langsam und machen Sie Pausen.
- Lassen Sie den anderen mitreden. Im Zweifel ist sein Gesprächsbeitrag wichtiger als Ihrer.
- Reden Sie über das, was ihn interessiert und was ihm wichtig ist, nicht über das, was Ihnen wichtig ist. Denn er entscheidet nach eigenen Kriterien, nicht nach Ihren.
- Reagieren Sie auf das, was gesagt wird, nicht auf das, was Sie hineininterpretieren.

- Versuchen Sie zu verstehen, was Ihr Gegenüber meint.
- Verzichten Sie auf Bewertungen und Ver-/Beurteilungen.
- Halten Sie Ihre Gefühle und Ihr Temperament unter Kontrolle.
- Gehen Sie davon aus, dass der andere gute Gründe hat für sein Tun.
- Bleiben Sie ruhig und geduldig.
- Kontrollieren Sie Ihre Körpersprache.
- Lösen Sie die Probleme des anderen.
- Hören Sie Ihrem Gesprächspartner zu.
- Bevor Sie interpretieren, fragen Sie, was gemeint ist.

Warum es diese Regeln gibt

Wie oft finden Sie sich in einer Situation wieder, in der Sie „Ja" sagen, aber nach einiger Überlegung Ihre Zustimmung dann doch revidieren? Wie oft wird in einer Gruppe oder einem Team eine Entscheidung getroffen, aber nicht in die Praxis umgesetzt, weil man sich der gemeinsamen Entscheidung nicht verpflichtet fühlte? Wie oft haben Sie sich zu etwas überreden lassen, Ihrem Freund oder Ihrer Freundin zuliebe etwas getan, was Sie nachher bitter bereut haben?
Es gibt viele Gründe, die Regeln für die „gute" Kommunikation umzusetzen, denn sie helfen in zwei Richtungen: Sie schützen Sie vor unbedachter und deshalb meist falscher Zustimmung und sie schützen Sie vor unbedachten, und deshalb falschen Zustimmungen Ihres Gegenübers. „Gute" Kommunikation schützt Sie vor viel Unbill, indem Sie ganz bewusst die Rechte Ihres Partners wahrt.

Die Grenzen „guter" Kommunikation

Doch „gute" Kommunikation hat ihre Grenzen, da wo der andere nicht mitspielt. Er kann sich einem Gespräch verweigern oder Ihre Grenzen verletzen. Und genau das behandeln wir in diesem Buch: Situationen und Menschen, die Ihre Grenzen verletzen.

Auf den Punkt gebracht

- Der größte Teil unfairer Erlebnisse sind nicht Manipulationen, sondern Missgeschicke, Entgleisungen oder Missverständnisse.
- Aus diesem Grunde ist erfolgreiche Selbstverteidigung großzügig und geduldig.
- Erfolgreiche Selbstverteidigung verzichtet auf Rache oder Revanche zugunsten von Souveränität.
- Erfolgreiche Selbstverteidigung zeigt Grenzen auf und ermöglicht einen Zustand, in dem man weitgehend störungsfrei wieder zusammenarbeiten kann.
- Eine erfolgreiche Selbstverteidigung braucht viel Selbstbeherrschung und Disziplin.

2 Hintergründe der Kommunikation

Von der Theorie zur Praxis

Nur Wissen hilft im täglichen Umgang mit Attacken und Aggressoren, vorausgesetzt, Sie wollen adäquat und nicht blindwütig reagieren.
Die Kommunkationspsychologie und ihre Nachbardisziplinen helfen Ihnen dabei mit folgenden Modellen:

2.1 Paul Watzlawick: Kommunikation umfasst immer mehr als die bloße Information

Nach Paul Watzlawick, dem österreichischen Kommunikationswissenschaftler und Psychotherapeuten, spricht jeder Mensch jederzeit auf zwei Ebenen, der Sachebene und der Gefühlsebene.
Die eigentliche Information der Äußerung, *„Sie haben sich neu eingekleidet“*, ist, dass jemand gemerkt hat, dass Sie neue Kleidung tragen.
In den seltensten Fällen drücken wir einen Sachverhalt aber völlig neutral aus. Meist wird eine solche Mitteilung von Gefühlen begleitet, z.B. Anerkennung, Überraschung, Freude, Erleichterung … Diese Gefühle lassen sich oft nicht von der Beziehung des Sprechers zum Angesprochenen trennen. So kann die Sachaussage, *„Sie haben sich neu eingekleidet“*, die gefühlsmäßige Botschaft vermitteln, *„Das wurde aber auch dringend nötig“*.
Damit bekommen Sie indirekt mitgeteilt, dass Sie normalerweise aus Sicht des Sprechers nicht gut gekleidet sind. Solch eine Bemerkung ist üblicherweise wenig förderlich für Ihre Beziehung und löst daher Konflikte aus. Die Begleitbotschaften bestimmen maßgeblich mit, wie eine Mitteilung

verstanden wird und liefern Interpretationshilfen. Sie sind ein Kommentar zum sachlichen Gehalt.

Konsequenz für Ihren Umgang mit Unfairness

Kontrollieren Sie die Begleitbotschaften einer Mitteilung, hören Sie sich und anderen zu, das hilft, Störungen auf der Beziehungsebene zu vermeiden oder frühzeitig zu beseitigen. Je länger eine Störung anhält, desto schwieriger wird es, sie zu beseitigen.

2.2 Das Eisbergprinzip: Kommunikation vollzieht sich zwischen den Zeilen

Das Eisberg-Prinzip ist kein wissenschaftliches Prinzip, aber da es sehr plausibel ist und Watzlawicks Zwei-Ebenen-Modell unter einem etwas anderen Gesichtspunkt ergänzt, macht es Sinn, es hier vorzustellen. Von einem Eisberg ragt bekanntlich nur die Spitze aus dem Wasser, der weitaus größte Teil befindet sich unsichtbar unter Wasser. Man spricht von einem Verhältnis von einem Siebtel zu sechs Siebtel.
Eisbergen zu begegnen kann gefährlich werden, wie wir spätestens seit dem Untergang der Titanic wissen, insbesondere, weil keiner weiß, wie der Eisberg unter Wasser verläuft und wo man kollidieren kann.

Der Mensch wird zu einem überwiegenden Teil von Emotionen bestimmt

Übertragen auf den Menschen veranschaulicht das Eisbergmodell die Annahme, dass der Mensch zum überwiegenden Teil von Gefühlen (Emotio) und nur zu einem kleinen Teil von der Vernunft (Ratio) bestimmt wird. Die wissenschaftlichen Erkenntnisse über Entscheidungsmechanismen, Gehirnaktivitäten, Gedächtnis- und Lernleistungen stützen übrigens diese Annahme.
Wenn es kracht, wir also im übertragenen Sinne auf die unter der Oberfläche der Kommunikation liegenden Eisfelder unserer Kommunikationspartner auflaufen, sind überwiegend emotionale Gründe ausschlaggebend. Wahrgenommen und sichtbar sind für uns in vielen Fällen aber nur rationale Beweggründe, die präsentiert werden.
Die sachliche Ebene ist in der Regel gut begründet, während das eigentliche Motiv für unkooperatives oder verletzendes Verhalten unterhalb der Oberfläche verborgen liegt. In einer solchen Situation findet die Diskussion dann lediglich auf der Sachebene statt, doch weil die ursächlichen Probleme gewissermaßen versteckt unter der Wasserlinie liegen, kann das Problem auf der Sachebene nicht geklärt werden.
Es handelt sich also um eine Scheindiskussion. Woran man das erkennt? Trotz scheinbar sachlichen Austauschs bleibt das Gegenüber in seinen Reaktionen meist heftig – also emotional – und hintertreibt eine Sacheinigung oder, falls auf der Sachebene eine Einigung stattfindet, wird diese dann doch gerne wieder kritisiert oder sogar wieder umgestoßen.
Ein ganz typisches „Unterwassermotiv" ist das Machtmotiv. Kennen Sie das nicht vielleicht auch aus Ihren Kindertagen? *„Ich habe Recht." – „Nein, ich." – „Nein, ich."* Dabei geht es nicht um das Sachthema, sondern darum, wer länger durchhält, also wer letztlich stärker ist. Scheindiskussionen funktionieren genauso, nur dass sie eine Sachdiskussion vorschieben, während es unterschwellig um die Macht geht, wer sich im konkreten Fall durchsetzt.
Neben dem Machtmotiv spielen aber auch andere Einflussfaktoren wie beispielsweise Intuition, unterbewusste Entscheidungsebenen und Irrationalitäten, z.B. die ganze Palet-

te der Bedürfnisse nach Maslow, eine Rolle (siehe Kap. 2.4), wie auch in der Literatur zu sehen ist, wo aktuell „Führen mit Bauchgefühl“, „Think limbic“ oder „Intuitions-Management“ thematisiert werden.
Höchstwahrscheinlich sind – und das stellt das Bild des Eisberges dar – gefühlsmäßige Faktoren ausschlaggebend für einen hohen Prozentsatz unserer Entscheidungen. Im Zweifelsfall – so die einschlägigen Beobachtungen – entscheiden Menschen immer nach gefühlsmäßigen Komponenten. Hat z.B. ein Personalchef zwei gleich gut qualifizierte Bewerber zur Auswahl, so wird er sich für den ihm sympathischeren entscheiden und dies nachträglich rationalisieren.
Viele glauben, gefühlsmäßige Entscheidungen seien völlig beliebig, doch das ist ein Irrtum. Sympathie z.B. basiert im zwischenmenschlichen Bereich u.a. auf Ähnlichkeiten. Wenn ein Mensch mir im Denken und Handeln ähnlich ist, sind höchstwahrscheinlich weniger Konfliktpotenziale zu erwarten. Damit ist eine solche Entscheidung, obwohl gefühlsmäßig getroffen, doch rational motiviert und (subjektiv) plausibel.

Konsequenz für Ihren Umgang mit Unfairness

Gehen Sie behutsam und achtsam mit Menschen um. Sie wissen nicht, wo Untiefen verborgen sind, wo Sie u.U. den anderen berühren, vielleicht im Gespräch eine Kollision provozieren. Ist eine solche gefühlsmäßige Störung eingetreten, beseitigen Sie sie, um den anderen wieder denk- und arbeitsfähig zu machen.

2.3 Friedemann Schulz von Thun: Wir hören mit vier Ohren

Das Modell, das der Psychologe und Kommunikationswissenschaftler Friedemann Schulz von Thun entwickelt hat, gilt als Klassiker unter den Kommunikationsmodellen, ähnlich wie das von Paul Watzlawick. Schulz von Thun untersuchte zum einen, was sich auf der Beziehungsebene abspielt, und zum anderen bezog er auch den Empfänger einer Information in sein Modell mit ein. So verfeinerte er die diversen Begleitinformationen einer Sachinformation.

Nach Schulz von Thun trägt jede unserer Mitteilungen mehrere Aussagen in sich:

- Eine Sachinformation
- Eine Selbstoffenbarung
- Eine Beziehungsbotschaft
- Einen Appell

Ein schönes Beispiel von Schulz von Thun erläutert, was damit gemeint ist. Mann und Frau fahren Auto. Sie sitzt am Steuer, er ist Beifahrer. Er: *„Du, die Ampel ist grün."* Diese Bemerkung trägt viele Botschaften in sich, z.B.

Sachinformation:	Die Ampel ist grün/umgeschlagen.
Selbstoffenbarung:	Ich bin ein aufmerksamer Mensch.
Beziehungsbotschaft:	Ich fahre besser als du. Du hast (meine) Hilfe nötig.
Appell:	Fahr doch endlich!

Wie wissen Sie nun, welche dieser Botschaften maßgeblich gemeint ist? Bei der Auswahl der „richtigen", also der vom Sprecher intendierten Aussage hilft die Begleitbotschaft durch die Körpersprache. Stellen Sie sich ein Trommeln mit den Fingern dazu vor. Das unterstreicht: *„Fahr doch endlich!"*. Wenn Ihnen also die Situation nicht eindeutig erscheint, dann fragen Sie Ihren Gesprächspartner, wie Sie die Botschaft zu verstehen haben.

Aufseiten des Empfängers beschreibt das Vier-Ohren-Modell den Vorgang der Auswertung einer Nachricht. Denn so, wie der Sender bestimmte Botschaften bzw. Interpretationsmöglichkeiten durch seine Körpersprache betonen kann, kann natürlich auch der Empfänger sich eine Aussage aussuchen und entsprechend gewichten:

Welche Sachinformation wird mir da gegeben?	Die Ampel ist grün. Die Ampel ist umgeschlagen.
Was offenbart mein Gegenüber von sich?	Er hält sich für aufmerksamer und den besseren Fahrer.
Welche Einschätzung unserer Beziehung höre ich da heraus?	Er fühlt sich mir überlegen und glaubt ich hätte seine Hilfe nötig.
Was soll ich tun?	Ich soll endlich fahren!

Welche der zur Auswahl stehenden Botschaften der Empfänger in welcher Weise gewichtet, merken Sie an seiner Reaktion.
Probleme ergeben sich oft, wenn Sachinformationen „nichtsachlich“ interpretiert werden. Geht es ihm z.B. primär um die Sachaussage, *„Die Ampel ist grün“* und interpretiert sie das in Richtung, *„Er hält sich für überlegen“* und reagiert entsprechend mit einem gereizten, *„Ja, du hast ja immer Recht“,* gibt es höchstwahrscheinlich Ärger. Sie ist darüber verstimmt, dass er seine Überlegenheit herauskehrt, und er, dass sie seinen sachlich gemeinten Hinweis auf die Beziehungsebene zieht.

Bevorzugte Interpretations- und Sendevarianten können das gegenseitige Verstehen erschweren

Viele Menschen bevorzugen bestimmte Interpretationsvarianten. Mütter z.B. haben oft ihr „Appellohr“ besonders ausgeprägt. Da Kinder sich lange nicht klar ausdrücken können, lernen sie, Wünsche aus ihrem Verhalten herauszulesen oder herauszuhören. Aus einem *„kalt“* interpretieren sie, *„Ich soll die Heizung hochdrehen!“* oder aus einem *„Hunger“*, *„Ich soll dir etwas zu essen machen!“*.

Die besondere Ausprägung eines spezifischen „Ohres“ oder „Sendekanals“ erwerben wir durch:

Vorbild
Wenn wir zuhause oder in unserem sozialen Umfeld bestimmte Vorbilder erleben, die uns zeigen, wie man sich als Mutter, Vater, Mann, Frau, Chef, Mitarbeiter, Christ, Muslim … zu benehmen hat, dann übernehmen wir diese Rolle. Oft führt das zur besonderen Ausprägung eines „Ohrs“ oder „Kanals“.

Übung
Wenn Sie mit einer Person zusammenleben oder zusammenarbeiten, die Sie in ein bestimmtes Verhalten einweist (wir beeinflussen uns immer gegenseitig), dann können wir infolge dieser Übung bzw. dieses Trainings einen bevorzugten Interpretationsmechanismus entwickeln.

Suggestion
Immer wenn Ihnen wieder jemand deutlich macht, dass er Sie in einer bestimmten Art und Weise erlebt und dass Sie so und so sind, dann beeinflusst das Ihr Selbstbild und Ihr Verhalten. Ein schönes Beispiel dafür finden Sie in Max Frischs „Andorra“ in der Person des Andri.

Selbstbild
Je nachdem, welches Selbstbild Sie entwickelt haben, werden Sie ebenfalls bestimmte Interpretationsvarianten bevorzugen.

Menschen, die Botschaften nicht „ausgewogen“ aufnehmen, sondern auf einem ganz bestimmten Ohr besonders gut hören, sind oft sehr anstrengend, weil sie ihrer Umgebung permanent Aussagen, Bewertungen und Haltungen unterstellen, die die Sprecher so nicht intendiert haben. Oft ist den Betroffenen auch gar nicht bewusst, dass sie ein bestimmtes Ohr überentwickelt haben.

Umgekehrt gibt es aber auch Menschen, die bevorzugt auf bestimmten „Kanälen" senden. So werden etwa Vorgesetzte mit Mitarbeitern oft in Form von Appellen kommunizieren, wohingegen in sozialpflegerischen Berufen tätige Menschen verstärkt die Beziehungebene ansprechen dürften.

Beugen Sie Missverständnissen vor!

- Sensibilisieren Sie sich grundsätzlich, auf allen vier Ebenen zu hören und zu senden, um möglichst sämtliche Untertöne zu registrieren und angemessen reagieren zu können.
- Gehen Sie im Sinne eines konstruktiven Umgangs miteinander immer von der im Rahmen der Situation förderlichsten Interpretation aus.
- Prüfen Sie, ob Sie ein „Ohr" oder einen „Sendekanal" überentwickelt haben und so Gefahr laufen, Fehlinterpretationen zu leisten oder Missverständnisse hervorzurufen. (Reagieren verschiedene Menschen in vergleichbarer Weise auf Sie, ist das ein Indikator dafür, dass Sie einen bestimmten „Kanal" oder ein bestimmtes „Ohr" bevorzugen).
- Fragen Sie im Zweifel nach, ob Sie richtig interpretiert oder missverständlich gesendet haben.
- Bleiben Sie offen, Missverständnisse können auch Ihnen unterlaufen. Hinterfragen Sie gegebenenfalls, ob Ihre Interpretation richtig ist.
- Wenn Sie feststellen, dass Sie falsch interpretiert wurden, präzisieren Sie Ihre Aussage.
- Versuchen Sie immer, sich möglichst eindeutig auszudrücken, um so so schon im Vorhinein Fehlinterpretationen zu vermeiden. In Bezug auf unser Eingangsbeispiel könnten Sie etwa statt vorwurfsvoll zu sagen, *„Die Ampel ist (schon lange) grün"*, einfach neutral informieren, *„Die Ampel ist (gerade) umgeschlagen"*.

2.4 A. H. Maslow: Wir handeln vor dem Hintergrund einer festen Bedürfnisstruktur

Der amerikanische Psychologe Abraham Harold Maslow stellte in den Fünfzigerjahren des letzten Jahrhunderts eine Theorie auf, derzufolge jeder Mensch Bedürfnisse verspürt, die sich drei bzw. fünf Stufen zuordnen lassen und in Form einer Pyramide aufeinander aufbauen. Die Bedürfnisse, die die Basis formen, nehmen einen breiteren Raum ein, wohingegen die darauf aufbauenden Bedürfnisse von ihrer Qualität her bedeutender sind. Die höheren Bedürfnisse kommen üblicherweise erst zum Tragen, wenn die jeweils darunter liegenden befriedigt sind.

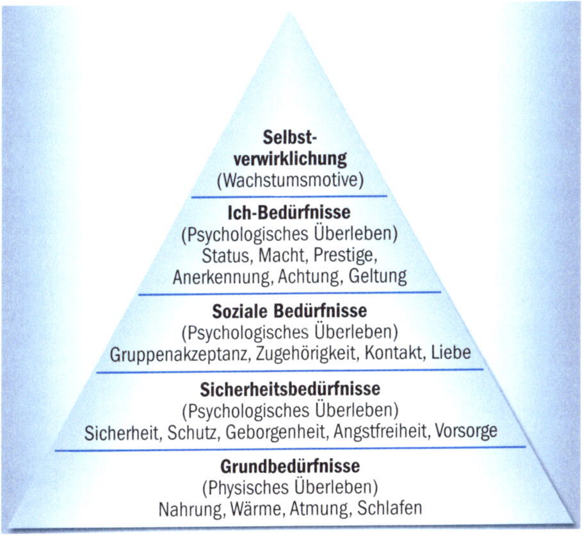

Bedürfnispyramide nach Maslow (nach V. Birkenbihl)

Die Basisbedürfnisse (Stufe 1) des Menschen werden repräsentiert durch solche, die das körperliche Überleben sichern.

Ohne Nahrung, Kleidung, Luft und Schlaf können wir nicht überleben. Ist das physische Überleben nicht gesichert, bleibt kein Raum für andere Bedürfnisse. Das lässt sich nicht nur in Ländern der sog. Dritten Welt beobachten, wo die Menschen buchstäblich ums nackte Überleben kämpfen. Beispielsweise sitzen Sie zur besten Abendbrotzeit in einem Meeting oder einer Veranstaltung und Ihr Nachbar fragt Sie leise, aber mit vernehmlich knurrendem Magen, ob Sie wissen, ob es im Anschluss einen Imbiss gibt. Je länger sich das Meeting zieht, umso weniger wird Ihr Nachbar den Inhalten folgen, da er sich zunehmend auf die Aussicht auf die hoffentlich zu erwartenden Schnittchen konzentriert. Grundbedürfnisse lassen sich nicht ein für alle Male befriedigen, sondern treten in Abständen immer wieder auf und sind dann – wie schon gesagt – überlebenswichtig.

Erst, wenn wir unser „täglich Brot" haben, sind wir in der Regel in der Lage, die nächst höhere Bedürfnisstufe wahrzunehmen: Sicherheit und Geborgenheit (Stufe 2). Zwar müssen in entwickelten Gesellschaften die wenigsten fürchten, kein Dach über dem Kopf zu haben, doch können uns eine unzureichende Altersvorsorge, Angst vor Beschäftigungsverlust oder eine Kündigung des Dispokredits derartigen Stress verursachen, dass gesundheitliche Folgeschäden drohen. So finden z.B. viele Menschen im wahrsten Sinne des Wortes keinen Schlaf, wenn sie sich die Konsequenzen der neuesten Fusionsgerüchte für ihren Arbeitsplatz ausmalen.

Nachdem wir nun Reserven angelegt und ein Dach über dem Kopf haben, werden die Beziehungen zu anderen Menschen (Stufe 3) bedeutsamer. Manche Zeitgenossen sind uns sympathischer, andere weniger, wir wünschen uns, dazuzugehören, entwickeln Gruppenbindungen, grenzen uns anderen gegenüber ab. Wie mächtig diese Bedürfnisse sind, zeigen immer wieder Beispiele gerade von Jugendlichen und jungen Erwachsenen, die sich, um dazuzugehören, zu Dingen verleiten lassen, die sie sonst nie täten.

Noch ein anderer Aspekt rund um diese Bedürfnisse ist wichtig: Je mehr wir uns z.B. mit einer Gruppe, einer Partei oder einer Religion identifizieren, desto mehr kann uns Kritik an dieser sozialen Gruppe genauso kränken wie eine persönliche Kritik an der eigenen Person.
Auf dieser Stufe spielt das „Ich" noch eine nachgeordnete, also geringere Rolle.

Doch fühlen wir uns sicher in einer Gruppe aufgehoben, dann entwickeln wir auch das Bedürfnis, etwas für uns selbst zu tun (Stufe 4). Wir wollen in dieser Gruppe eine Rolle spielen, wir entwickeln das Bedürfnis nach Anerkennung durch Status, Macht, Titel oder Geld. Diese verschiedenen Bestrebungen werden in der Regel unter „Ich-Bedürfnisse" zusammengefasst.

An der Spitze der Bedürfnispyramide schließlich steht das Bedürfnis nach Selbstverwirklichung. Ist alles andere abgesichert, so liegt es anscheinend in unserer Natur, uns zu entfalten. Von allen ist dieses Streben das am schwierigsten fassbare, „berechenbare". In diese Stufe hinein gehören aber auch Altruismus und Güte, Kunst und Talententfaltung und das Streben nach Individualität und Lebenssinn. Wann ist der Mensch in sich und mit sich zufrieden? Worin sieht er letztlich, wenn rundum alles abgesichert ist, seinen Lebenszweck?
Für mich war z.B. Buddha ein Mensch, der auf der Suche nach „seinem" Lebenszweck ganz eigene Wege ging und hinter diesem Streben alles andere zurückließ.

Die Bedürfnislage des Gegenübers erkennen

Die Maslowsche Bedürfnispyramide ergänzt die bereits vorgestellten Konzepte. Sie ermöglicht uns eine neue bzw. ergänzende Betrachtungsweise und auch Analyseoption. Damit haben wir eine weitere Chance zu verstehen, warum „der andere" so und nicht anders reagiert.

Wenn wir die aktuelle Bedürfnissituation unseres Gegenübers erkennen, können wir wirkungsvoller agieren und unsere Ziele besser durchsetzen.

Clevere Verhandlungsführer zum Beispiel bieten ihrem Gegenüber vor schwierigen Gesprächen oder Verhandlungsrunden etwas zu essen an, laden teils sogar in Fünf-Sterne-Restaurationen ein: das befriedigt ein Grundbedürfnis und stimmt friedlich.
Andererseits ist es unter Versammlungsleitern beispielsweise in der Politik und ähnlichen Gremien üblich, schwierige Punkte bewusst ans Ende der Tagesordnung zu setzen. Hintergrund dieser Praxis ist, dass Menschen sich oft bei den vorherigen Tagesordnungspunkten müde diskutiert haben, die Zeit zieht sich hin und man hat Hunger, Durst und ist müde. Vor dem Hintergrund dieser Bedürfnislage sind Entscheider oft eher geneigt, einen Konsens zu finden oder einem Kompromiss zuzustimmen, auch wenn man vielleicht doch nicht so ganz davon überzeugt ist.
Wir alle kennen die Bilder völlig übermüdeter Politiker, Gewerkschaftler und Arbeitgebervertreter, die am Morgen nach einem nächtlichen Verhandlungsmarathon triumphierend vor die Kameras treten und vermelden, man habe sich nach langen Wochen nun endlich doch geeinigt. Merken Sie, welche Grundbedürfnisse da ganz gezielt genutzt wurden?

Haben Sie schon einmal einem streng gläubigen Katholiken gegenüber den Papst kritisiert? Sicherlich, die Reaktion hängt von der Intensität dessen Glaubens und der Art Ihrer Kritik ab, aber oft kann in solchen Fällen eine Empörung ausgelöst werden, die einen Nicht-Katholiken in Erstaunen versetzt. Das ist ein Beispiel für die Verletzung eines sozialen Bedürfnisses der Stufe 3. Kritik an der Gemeinschaft, der wir uns verbunden fühlen, empfinden wir als Kritik an uns persönlich und sie kann heftige Reaktionen auslösen.
Das ist ein Mechanismus, der gerne unfair genutzt wird, indem man Sie in einem unwesentlichen Punkt aus dem

Gleichgewicht bringt und vom eigentlichen Gesprächsthema ablenkt.
Der Automatismus dieses Verhaltensmusters wird aber auch genutzt, um Sie zu „unvernünftigen" und überzogenen Reaktionen zu verleiten. Wenn Sie z.B. in einem vergleichbaren Fall sehr aggressiv reagieren, schüttelt derjenige, der Sie erfolgreich aus der Reserve gelockt hat, den Kopf und äußert sein völliges Unverständnis über Ihr Verhalten. Ihr Status ist damit angekratzt, Sie haben buchstäblich Ihr Gesicht verloren und damit zählt Ihre Meinung weniger in dieser Runde. Die Strategie hat gewirkt.

Wenn Bedürfnisse von Prestige und Status (also von Bedürfnissen der Stufe 4) berührt sind, ist das in der Regel sehr schmerzhaft und von großer Tragweite. Man muss hier nicht unbedingt an Degradierungen, etwa beim Militär, denken, wo in Ungnade gefallene Personen für alle sichtbar ihrer Ehrenzeichen beraubt werden. Es gibt auch subtilere Methoden, Status- und Prestigebedürfnisse zu verletzen. Beispielsweise wenn vernichtende Killerphrasen von Vorgesetzten vor sämtlichen Kollegen die Kompetenz eines Mitarbeiters infrage stellen. Oder wenn jemand im Zuge einer Reorganisierung ein kleineres Büro zugewiesen bekommt und der auch privat nutzbare Firmenwagen gestrichen wird.
Eine sicherlich überzogene und in Bezug auf ihren Wahrheitsgehalt nur schwer zu überprüfende, in diesem Zusammenhang aber sehr sprechende Managementanekdote ist folgende: Ein Konzernchef feuert einen seiner Top-Manager, indem er dessen Schreibtisch buchstäblich vor die Tür stellen und dort publikumswirksam verbrennen lässt. Der zynische Kommentar: *„You are fired … !"*.

Typische Attacken, die im Zusammenhang mit Stufe 5, also dem Bedürfnis nach Selbstverwirklichung, eingesetzt werden, sind solche, die Menschen in ihren innersten Werten berühren und ihr Selbstwertgefühl angreifen. Dann wird jemand für versponnen, realitätsfern, gestört oder undankbar erklärt oder vor anderen entsprechend diffamiert. Andererseits kann ein bestimmtes Wertempfinden auch ausgenutzt und der Appell an die Güte und Großzügigkeit eines Menschen als Hebel für Manipulationen genutzt werden.

Konsequenz für Ihren Umgang mit Unfairness

Verfallen Sie bitte nicht in den Fehler zu glauben, dass Sie gegen solche und ähnliche der hier beschriebenen Attacken gefeit sind. Es wird immer Angriffe geben, die Sie treffen, es wird immer Zeiten geben, in denen Sie empfindlicher sind und es wird auch immer wieder Zeiten geben, in denen Sie nichts aus dem Gleichgewicht bringt.

In der Praxis werden oft mehrere Bedürfnisse angesprochen oder ein Bedürfnis auf mehreren Wegen.

Eine Teilnehmerin an einem Training zur „fairen und unfairen Dialektik" berichtete von einem Führungskräftetraining, an dem ihr Chef teilgenommen hatte. Die Teilnehmer wurden schriftlich zu einem Flughafen beordert, ohne in Kenntnis über den Seminarort gesetzt zu werden. Dann ging es zu einem unbekannten Ziel, wo man alle persönlichen Habseligkeiten abgeben musste. Die Zimmer waren karg und ohne jeglichen Komfort eingerichtet. Der Unterricht begann am nächsten Morgen um 7.00 Uhr mit Sport auf nüchternen Magen. Anschließend frischmachen, spartanisches Frühstück und schließlich Unterricht bis in die Nacht hinein, sodass alle Teilnehmer zunächst unter Schlafentzug litten. Erst im Laufe der nächsten Tage erhielten die Zimmer Tischdecken, Blumen, wurde das Essen ansprechender …

Ich habe gefragt, ob die Teilnehmer das allen Ernstes hatten mit sich machen lassen, doch die Rückmeldung des Chefs meiner Seminarteilnehmerin war offensichtlich gut. Er war stolz auf sich, das durchgestanden zu haben und so in seiner Persönlichkeitsentwicklung weitergekommen zu sein.

Hier ist eine ganze Palette von unfairen Strategien angewandt worden, die alle darauf abzielen, Menschen in eine

Ausnahmesituation zu bringen, essenzielle Bedürfnisse nicht zu bedienen und so die Arbeit des Verstandes/Großhirns bewusst zu beeinträchtigen. Dies und die Tatsache, dass man besonderen Belastungen ausgesetzt wird, führt zu einer Verzerrung der Wahrnehmungen der Betroffenen. So gehen viele aus einem solchen Training tatsächlich mit einem Hochgefühl heraus, obwohl sie besonderer Manipulation ausgesetzt waren, die schon an klassische Gehirnwäsche erinnert.
Oft sind im Rahmen von Personalauswahlverfahren, wie etwa Assessment-Centern, manipulative Praktiken zu beobachten. Falls Ihnen so etwas passieren sollte: So etwas ist nie seriös und das „Durchstehen“ entsprechender Verfahren niemals eine Heldentat.

> Vor dem Hintergrund unbefriedigter Bedürfnisse werden wir anfällig für Manipulationen und Angriffe.

Nicht von ungefähr werden besonders Menschen in persönlichen, familiären oder finanziellen Notlagen, deren Bedürfnisse also an maßgebender Stelle nicht befriedigt sind, Opfer illegaler Anträge oder unseriöser Geldgeschäfte.

Konsequenz für Ihren Umgang mit Unfairness

Sorgen Sie dafür, dass Sie nach Möglichkeit niemals vor dem Hintergrund brachliegender Bedürfnisse in für Sie wichtige Verhandlungen oder Gespräche gehen. Lässt sich die Situation nicht ändern, seien Sie sich bewusst, dass Sie gegebenenfalls nicht hundertprozentig bei der Sache sind und angreifbar werden.
Legen Sie wenigstens rechtzeitig eine Pause ein und versuchen Sie zumindest Hunger, Durst oder Müdigkeit in den Griff zu bekommen.
Sensibilisieren Sie sich andererseits für offensichtliche oder versteckte Bedürfnisse Ihres Gegenübers. Vielleicht erschließt sich Ihnen über die rein sachlichen Aspekte hinaus ein Teil seiner zugrunde liegenden Motivation.

2.5 Eric Berne: Kommunikation besteht aus sehr komplexen Transaktionen

Die Transaktionsanalyse wurde in der Mitte des 20. Jahrhunderts von dem kanadischen Psychiater und Arzt Eric Berne entwickelt. In Gesprächen mit seinen Patienten und auf der Basis von Beobachtungen entdeckte Berne bestimmte Verhaltensmuster, die auf verschiedene Persönlichkeitszustände hinwiesen. Letztlich zog er den Schluss, dass der Mensch aus drei verschiedenen Zuständen heraus handelt und es zu Missverständnissen und Konflikten kommen kann, wenn Sprecher vor dem Hintergrund unterschiedlicher Persönlichkeitszustände agieren.
Die Transaktionsanalyse gilt sowohl als psychotherapeutisches Modell und Verfahren als auch als Kommunkationsmodell. Sie versteht Kommunikation als komplexe Transaktionen zwischen einem Sender und einem Empfänger: Ein Sender agiert und ein Empfänger reagiert. Transaktionen sind nicht notwendig an Wortwechsel gebunden. Ein Lächeln, Blickkontakt, eine Geste, aber auch Sprachlosigkeit oder Frustration können solche kommunikativen Transaktionen sein.

Die drei Ich-Zustände

Berne ging davon aus, dass Menschen aus verschiedenen Ich-Zuständen heraus handeln. Diese Ich-Zustände entstehen im Laufe unseres Lebens, von frühester Jugend an, und sind mit inneren Bildern, Gefühlen und Handlungsmustern verknüpft.
Dabei handelt es sich nicht um bloße symbolische Begriffe, sondern um ganz konkrete physische Realitäten, denn sie werden sichtbar in Verhalten, Physiognomie und auch Argumentation. Je nachdem, in welcher Situation wir uns befinden, je nachdem, wem wir gegenüberstehen und je nach Struktur der Ich-Zustände drängt – sozusagen – ein Zustand vor.

Woran erkenne ich nun welchen Zustand?

Das Eltern-Ich

Das Eltern-Ich (EL) ist ein Speicher äußerer Ereignisse, es gibt wieder, was ein Mensch insbesondere bei seinen Eltern gesehen und gehört hat. Die aufgezeichneten Verhaltensmuster haben Vorbildcharakter sowohl im Guten als auch im Schlechten. Oft hält sich der Mensch noch sklavisch an alte Vorschriften, selbst wenn sie keinen Sinn mehr haben. Kinder im Alter bis fünf, sechs Jahren (das ist die Zeit, in der das Eltern-Ich maßgeblich entsteht) zeichnen das beobachtete Verhalten ungefiltert und unkritisch auf, ähnlich wie eine Kamera oder ein Tonband, denn sie sind in dieser Zeit noch nicht in der Lage, das Erlebte und Beobachtete zu hinterfragen und damit zu modifizieren. Das Eltern-Ich entspricht also angelernten Verhaltensmustern. Das Eltern-Ich beurteilt, bevormundet, lobt und tadelt gerne und wird deswegen auch als Richter bezeichnet.
Man unterscheidet normalerweise ein kritisches Eltern-Ich (EL_k) und ein schützendes, nährendes Eltern-Ich (EL_s).

Das Kind-Ich

Das Kind-Ich (K) ist ein zweiter Speicher, der innere Ereignisse aufzeichnet und „abspielt". Er gibt nicht nur wie ein Film wieder, was ein Mensch bei seinen Eltern gesehen und gehört hat, sondern auch, wie er darauf reagierte, gefühls- und verstandesmäßig. Hier ruhen die menschliche Neugier und Abenteuerlust, der Drang nach Wissen, Berühren, aber auch tasten, fühlen und erfahren.
Im Kind-Ich basiert auch das Gefühl von Hilflosigkeit und wenn wir später – als Erwachsene – noch weinen oder schreien, so geschieht dies in der Regel aus diesem Ich-Zustand heraus. In solchen Situationen erleben wir Erfahrungen aus unserer Kindheit wieder.
Das Kind-Ich reagiert sprunghaft, weil es eher einem vorlogischen Denken folgt, und auch wenig differenziert. Es ist für verzerrte und vereinfachte Muster anfällig. Typisch sind

sehr emotionale, wenig rationale Verhaltensweisen, wie z.B. schreien, brüllen, weinen …

Üblicherweise werden zwei Arten des Kind-Ichs unterschieden, das angepasste Kind-Ich und das natürliche. Das angepasste Kind-Ich (K_a) verhält sich eher so, wie die Eltern es erwarten. Es sind vor allem die Reaktionen der Eltern, die das Verhalten des Kindes beurteilen, die dafür sorgen, dass es sich zufrieden oder unzufrieden fühlt. Das natürliche Kind-Ich (K_n) handelt demgegenüber spontan und empfindet sich dabei im inneren Gleichgewicht. Im Kind-Ich stecken unsere Kreativität und Spontaneität, aber auch die Neugierde und unsere Gefühle.

Erwachsenen-Ich

Das Erwachsenen-Ich (ER) ist ein Zustand, der es uns ermöglicht, uns kritisch mit den beiden anderen Zuständen auseinanderzusetzen und die Macht des Eltern- einerseits und Kind-Ichs andererseits zu kontrollieren. Das Erwachsenen-Ich ist ebenso wie Kind- und Eltern-Ich einem Datenspeicher vergleichbar. Er füllt sich immer dann, wenn der Mensch Erfahrungen macht, die er bewusst sucht oder bearbeitet. Das bewusste Ausprobieren eines unbekannten Gegenstandes z.B. fällt in diese Kategorie. Auf dieser Ebene macht der Mensch eigene Beobachtungen und vergleicht sie mit dem *„gelernten Weltbild seines Eltern-Ichs und dem gefühlten Weltbild seines Kindheits-Ichs“,* wie Thomas A. Harris es in *„Ich bin o.k. Du bist o.k.“* ausdrückt.

So konstruiert das Erwachsenen-Ich allmählich ein „gedachtes Weltbild“. Hier sammelt und verarbeitet es auf der Grundlage früherer Informationen und Erfahrungen Informationen über die Realität.

Das Erwachsenen-Ich hinterfragt Beweggründe und sucht nach Hintergründen. Aufgrund dessen kann es die Macht des Eltern-Ichs und des Kind-Ichs brechen und die in ihnen abgespeicherten unreflektierten Verhaltensmuster stoppen. Das löscht Anweisungen und Erlebnisse zwar nicht, doch sie werden bewusst wahrgenommen, hinterfragt und können so

in entsprechenden Situationen gestoppt oder modifiziert werden.
Das Erwachsenen-Ich reagiert eher sachlich und rational, forschend und abwägend. Es sorgt z.B. für angemessene Reaktionen und schätzt auch Wahrscheinlichkeiten ab. Wenn wir also in einer Situation am liebsten losbrüllen wollen, aber uns beherrschen und so „angemessener" reagieren, können Sie das Wirken des Erwachsenen-Ichs erkennen.

Diese drei Zustände entstehen zwar parallel, aber nicht zur gleichen Zeit. Eltern- und Kindheits-Ich entwickeln sich von Geburt an, in der Hauptsache bis zum Schulbeginn, doch vermutlich füllen sich beide Speicher bis zum Lebensende weiter, wenn auch nicht mehr in dem Umfang wie in der frühen Kindheit. Das Erwachsenen-Ich dagegen entsteht erst später, ab etwa dem zehnten Monat. Vermutlich deshalb, weil wir ab dann in der Lage sind, geplante Bewegungen auszuführen und so bewusste Erfahrungen zu machen.

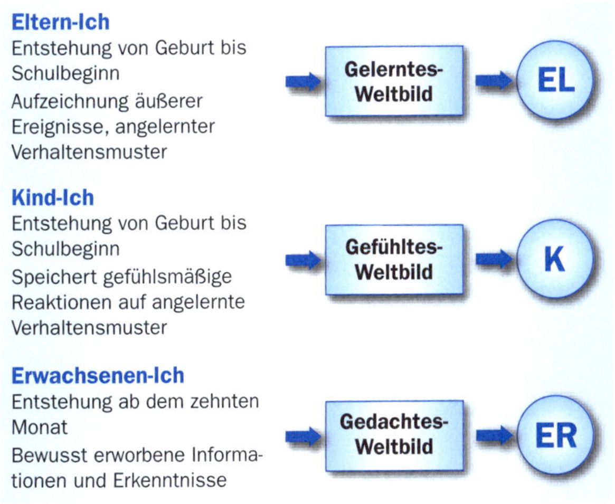

Entstehung und Inhalt der drei Ich-Zustände

Die Ich-Zustände Ihres Gegenübers erkennen

Normalerweise lassen sich die Zustände recht gut an typischen körpersprachlichen und sprachlichen Mustern erkennen, die Th. A. Harris in „Ich bin ok, Du bist ok." zusammengetragen hat. Dabei handelt es sich aber nur um Indizien, die darauf hinweisen, dass eine Person aus einem Zustand heraus handelt. Sie können sich in Ihren Einschätzungen durchaus täuschen.

Also hüten Sie sich bei diesen Analysen vor dem „Pseudopsychologisieren", stecken Sie Ihr Gegenüber nicht in eine Schublade, aus der Sie es dann nicht mehr herauslassen!

Eltern-Ich

Indikatoren für das Eltern-Ich

körpersprachlich	sprachlich
◆ Die Augenbrauen runzeln ◆ Die Stirn in Falten legen ◆ Die Lippen spitzen ◆ Hörbar Seufzen ◆ Die Arme in die Seiten stemmen / vor der Brust verschränken ◆ Den Zeigefinger ausstrecken ◆ Mit dem Fuß auf den Boden klopfen ◆ Einen „entnervten" Augenaufschlag machen ◆ Anderen wohlwollend den Kopf tätscheln	Begriffe wie „immer", „nie" sind meist Eltern-Ich-Wörter, die ähnlich wie Mauern funktionieren. Sie lassen neue Informationen und Einflüsse nur selten durch. ◆ *„Ich werde dafür Sorge tragen, dass das ein für allemal aufhört."* ◆ *„Ich kann es auf den Tod nicht ausstehen, wenn …"* ◆ *„Du darfst niemals vergessen, dass …"* ◆ *„Ich habe ich dir schon so oft gesagt, dass …"* ◆ *„Wenn ich du wäre …"*

Hilfreich kann es auch sein, auf typische wertende Ausdrücke zu achten, die vom „Eltern-Ich“ gerne verwandt werden:

◆ *ignorant* ◆ *hirnrissig* ◆ *unartig* ◆ *faul* ◆ *idiotisch* ◆ *widerwärtig* ◆ *schwachsinnig* ◆ *sinnlos/unsinnig* ◆ *Unfug*	◆ *„Du liebe Güte …“* ◆ *„Um Gottes willen …“* ◆ *„Na, großartig …“* ◆ *„Und nun?“* ◆ *„Muss das denn sein?“* ◆ *„Das darf doch nicht wahr sein!“* ◆ *„Schon wieder!“* ◆ *„Was fällt Ihnen denn ein!“*

Kindheits-Ich

Indikatoren für das Kindheits-Ich	
körpersprachlich	**sprachlich**
◆ Lautes Weinen ◆ Schmollend die Unterlippe vorstülpen ◆ Ungehemmte Wutausbrüche ◆ Eine schrille, weinerliche Stimme ◆ Mit den Achseln zucken ◆ Niedergeschlagene Augen ◆ Offenes Entzücken ◆ Den Finger heben, wenn man sich äußern möchte ◆ Fratzen schneiden ◆ An den Nägeln kauern ◆ Am Ohrläppchen zupfen	◆ *„Ich würde gerne …“* ◆ *„Ich kann nicht …, wenn …“* ◆ *„Ich möchte … , (aber) …“* ◆ *„Mir egal!“* ◆ *„Ich mache jetzt …“* ◆ *„Ich denke mir …“* ◆ *„Wenn ich (groß …) bin …“* ◆ *„Weiß ich doch nicht …“* ◆ *„Kann ich doch nicht!“*

Erwachsenen-Ich

Die körpersprachlichen Indikatoren für das Erwachsenen-Ich sind bei weitem nicht so typisch und so leicht zu erkennen wie die Verhaltensmuster des Eltern- oder Kindheits-Ichs. Das Erwachsenen-Ich zeigt tendenziell offene und direkte Verhaltens- und Reaktionsmuster. Es kann aber auch Verhaltensweisen der anderen Ich-Zustände aufweisen, insbesondere die des neugierigen Kindheit-Ichs.

Sprachliche Indikatoren für das Erwachsenen-Ich

Die folgenden so genannten W-Fragen gehören zum Grundwortschatz eines Erwachsenen-Ichs, weil sie Sachverhalte hinterfragen. Sie holen Informationen ein statt Kisten zu öffnen, aus denen dann standardisierte Reaktionen herausgeholt werden.

- *Warum?*
- *Wie?*
- *Wer?*
- *Weshalb?*
- *Womit?*
- *Was?*
- *Wo?*
- *Wann?*
- *Weswegen?*

Weitere typische Formulierungen für das Erwachsenen-Ich sind deshalb auch:

- *In welcher Form?*
- *Im Verhältnis zu …*
- *Richtig / wahr*
- *„Meiner Ansicht nach …“*
- *„Ich vermute, dass …“*
- *Wahrscheinlich / unwahrscheinlich*
- *„Ich bin der Überzeugung, dass …“*
- *Möglich / unmöglich*
- *Objektiv / subjektiv*
- *„Ich finde …“*
- *„Ich meine …“*
- *Verkehrt, falsch oder unwahr*
- *Wie viel?*

Das Erwachsenen-Ich verzichtet tendenziell auf Postulate und Verallgemeinerungen. Das zu wissen kann Ihnen helfen, Formulierungen einzuordnen, die von verschiedenen Ich-Zuständen gleichermaßen benutzt werden können.

Transaktionen analysieren

Die Transaktionsanalyse analysiert nun die Kommunikation zwischen diesen Zuständen, und versucht herauszufinden, was vorgeht bzw. was sie auslöst, um so Ansätze für eine Modifikation des Verhaltens zu finden.
In der Praxis hat sich herausgestellt, dass die Kommunikation üblicherweise auf drei bzw. vier Arten stattfinden kann, parallel, schräg oder gekreuzt und schließlich noch verdeckt. Dabei gelten die parallelen und schrägen Transaktionen als komplementär.

Parallel-komplementäre Transaktionen

Bei parallelen Transaktionen agieren Sender und Empfänger aus dem gleichen Zustand heraus. Sie teilen die Sicht der Dinge und beginnen eine Art kommunikatives Ping-Pong-Spiel. Die wechselseitigen Reaktionen ergänzen sich und können endlos weiterlaufen, deswegen werden sie auch als komplementäre Transaktionen bezeichnet.
Bei Transaktionen aus dem Eltern-Ich können Sie häufig beobachten, dass moralisiert und verurteilt wird, sie können aber auch von Fürsorge geprägt sein.

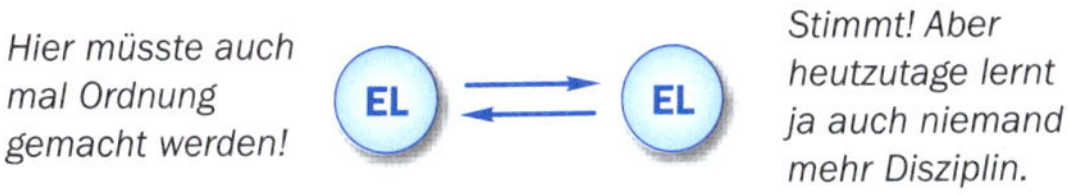

Parallele Transaktionen zwischen den Erwachsenen-Ich-Zuständen gestalten sich meist als offener, sachlicher Informationsaustausch.

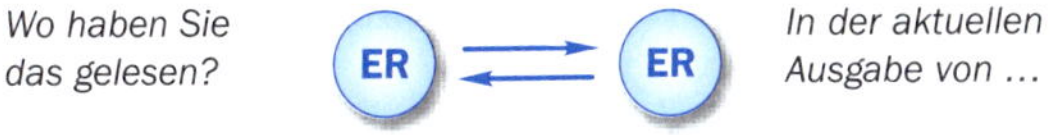

Währenddessen verlaufen parallele Transaktionen zwischen den Kindheits-Ichs in der Regel sehr emotional, bringen z.B. Begeisterung oder Bedauern zum Ausdruck.

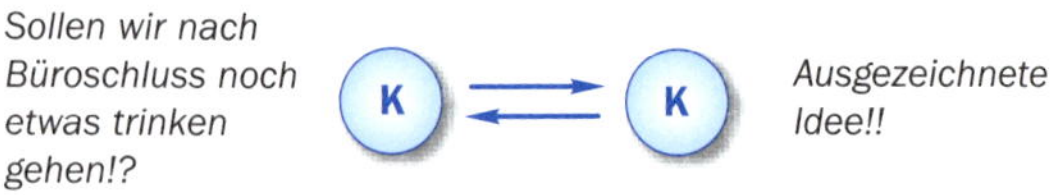

Die parallele Transaktion kann auch eingesetzt werden, um eine Kommunikation ohne tieferen Sinn in Gang zu setzen, z.B. im Rahmen eines Smalltalks. Dabei spielt dann nicht unbedingt die Aussage selbst eine Rolle, sondern mehr die Beziehungspflege.

Schräg-komplementäre Transaktionen

Eine zweite Form der komplementären Transaktion sind „schräge" Transaktionen. Das sind Transaktionen, die zwischen zwei unterschiedlichen Ich-Zuständen ablaufen. Hier sind alle Variationen denkbar.

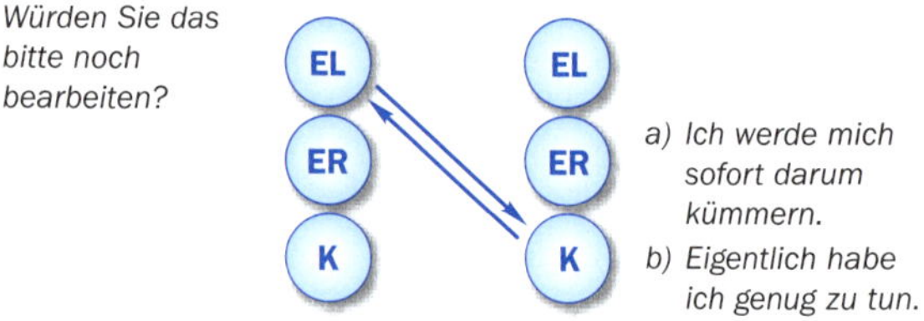

Komplementäre Transaktionen sind allerdings nicht immer positiv komplementär, sie können auch negativ verlaufen, wie die Antwortalternative b zeigt.

Gekreuzte bzw. Überkreuz-Transaktionen

Bei gekreuzten Transaktionen agieren die handelnden Personen aus unterschiedlichen, nicht komplementären Zuständen heraus. Hier wird die Kommunikation de facto unterbrochen und es kann oft nur schwer zu einer Verständigung kommen.

Soll die Kommunikation dennoch gelingen, setzt dies voraus, dass man das Grundmuster im Hintergrund erkennt, und dann entsprechend konstruktiv gegensteuert.

Gekreuzte Tranksaktionen bergen ein hohes Konfliktpotenzial und enthalten oft auch manipulative Elemente.

Obwohl im folgenden Beispiel das Erwachsenen-Ich angesprochen ist, erfolgt die Antwort aus dem Kind-Ich, was der Kommunikation einen völlig anderen Hintergrund gibt.

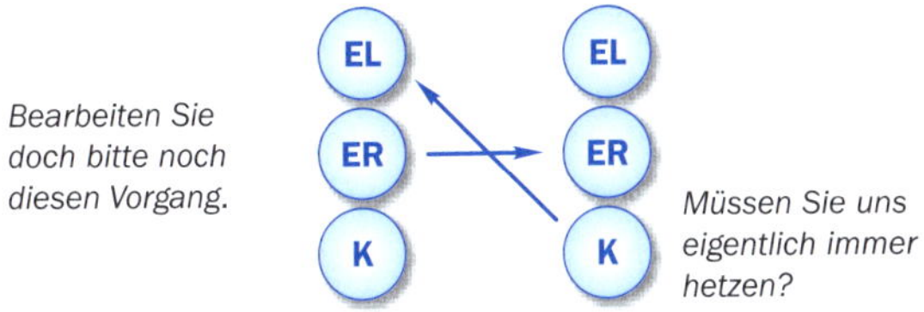

Verdeckte Transaktionen
Bei verdeckten Transaktionen werden zwei Zustände parallel angesprochen. Vielfach wird hier eine nur scheinbar komplementäre Botschaft dazu genutzt, etwas ganz anderes auszudrücken. Dies kann auch durch eine besondere Betonung oder Körpersprache zum Ausdruck kommen.

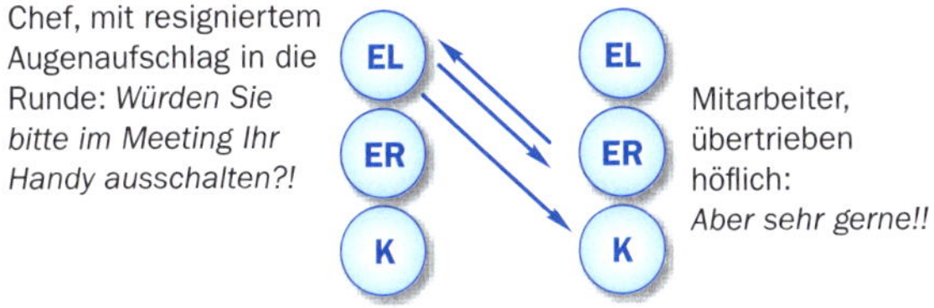

Im Wortlaut spricht der Chef hier seinen Mitarbeiter aus der Position des Eltern-Ichs auf der Ebene des Erwachsenen-Ichs an. Unterschwellig richtet er durch seinen Augenaufschlag aber gleichzeitig einen Tadel an dessen Kind-Ich mit der Botschaft: *„Können Sie sich nicht benehmen?!“*. Dass der Mitarbeiter nun seinerseits die Position des angepassten Kindes durch seine übertriebene Höflichkeit überzieht und dadurch aus dem Erwachsenen-Ich heraus kontert, zeigt, dass hier etwas Grundlegenderes im Argen liegt. Möglicherweise erwartet der Mitarbeiter einen dringenden geschäftlichen Anruf, von dem der Chef zwar weiß, dieser will den Mitarbeiter aber wegen eines fachlichen Zerwürfnisses in der Gruppe in Misskredit bringen.

Konfliktgeladene Transaktionen entspannen

Wie Sie gesehen haben, ergeben sich viele Konflikte und Missverständnisse daraus, dass Aktion und Reaktion aus unterschiedlichen Zuständen heraus vorgenommen werden und Reaktionen aus unerwarteten Zuständen heraus erfolgen. Eine andere Ursache ist, dass verschiedene Zustände zugleich angesprochen werden.

> Im Sinne einer sachlichen Auseinandersetzung sollten Sie grundsätzlich versuchen, konfliktträchtige nicht komplementäre Transaktionen wieder in eine komplementäre Kommunikation zurückzuführen.

Konsequenz für Ihren Umgang mit Unfairness

- Vermeiden Sie nach Möglichkeit gekreuzte Transaktionen.
- Beobachten Sie Ihren eigenen Ich-Zustand, aber auch den Ihres Gegenübers.
- Prüfen Sie die verschiedenen Interpretationsmöglichkeiten und hinterfragen Sie diese bewusst, ruhig auch direkt an Ihren Partner gerichtet im Sinne von „*Was hast du gemeint?*“
- Prüfen Sie bei Ihren Mitteilungen, was Sie eigentlich wollen, um selbst möglichst klare und eindeutige Botschaften zu senden.
- Erkennen Sie ein Missverständnis, dann erklären Sie, was Sie gemeint haben.
- Oft geht es nur oberflächlich um Sachliches und grundlegender um emotionale Bedürfnisse.

Die vier Lebensanschauungen

Berne geht davon aus, dass die Erfahrungen, die wir in den ersten fünf, sechs Lebensjahren machen, während sich die Ich-Zustände entwickeln, ein bestimmtes Grundgefühl auslösen, das sich in einer bestimmten Lebensanschauung niederschlägt: *„Ich bin o.k."* oder *„Ich bin nicht o.k."*
Die positiven Erfahrungen, Fürsorge Wärme, Lob und Bestätigung signalisieren dem Kind: *„Du bist o.k."* Negative Erfahrungen, Tadel und Ablehnung interpretiert das Kind mit seinem noch eingeschränkten Denkvermögen intuitiv als *„Ich bin nicht o.k."*. Aus solchen Erfahrungen festigt sich allmählich eine Grundeinstellung zu sich selbst, die eher positiv oder eher negativ sein kann. Auf dieser Basis entwickelt das Kind dann seine Lebensanschauung, die den Umgang mit sich selbst und anderen prägt. Dahinter steckt – und das ist wichtig für die Veränderungsarbeit, die die TA anstrebt – immer eine Entscheidung des Kindes. Das heißt, Entscheidungen lassen sich auch zurücknehmen und/oder ändern.
Berne unterscheidet vier Lebensanschauungen:

Ich bin nicht o.k. – Du bist o.k.
Als Baby und Kleinkind ist der Mensch existenziell auf die Fürsorge seiner Umgebung angewiesen. Es stößt immer wieder an seine Grenzen und bemüht sich um Zuwendung und Streicheleinheiten der Eltern. Es lernt so, ein Verhalten zu zeigen, das belohnt wird. In der Kommunikation sind Menschen, bei denen sich dieses Selbstbild gefestigt hat, oft nachgiebig und weich und leicht zu manipulieren.

Ich bin nicht o.k. – Du bist nicht o.k.
Mit zunehmender Selbstständigkeit, etwa ab dem Zeitpunkt, wenn ein Kind laufen lernt, erfährt es insgesamt weniger Fürsorge als der noch weitgehend hilflose Säugling. Subjektiv bieten die Eltern dann weniger Vorteile: die erste Lebensanschauung wird ersetzt. Menschen mit dieser Einstellung sind hoffnungslos und mutlos und kommunizieren wenig zupackend und entscheidungsfreudig.

Ich bin o.k. – Du bist nicht o.k.
Erlebt ein Kind durchweg, dass es nicht o.k. ist, kann es anfangen, sich selbst aufzubauen, also sich gewissermaßen selbst Streicheleinheiten zu geben. Ein Mensch mit dieser Lebensanschauung gibt anderen die Schuld bei allem, was ihm passiert. Er wird tendenziell auch weniger Hemmungen haben, anderen zu schaden oder das zumindest billigend in Kauf zu nehmen.

Ich bin o.k. – Du bist o.k.
Während die bislang vorgestellten Lebenseinstellungen gefühlsmäßig entstehen und sich aufgrund spezifischer Erfahrungen allmählich verfestigen, wird diese Lebenseinstellung bewusst getroffen und beruht auf Denken, Glauben und Einsatzbereitschaft. Sie ist damit eine echte Lebensanschauung, die jeden so sein lässt, wie er ist und die Transaktion als bloße Transaktion sieht: Eine Handlung oder Äußerung wird nicht zu einer Bewertung einer Person uminterpretiert, sondern als für sich allein betrachtet.
So erhöhen sich Handlungsoptionen und Entscheidungsfreiheit der handelnden Personen, weil sie sich bewusst von dem inneren Drang oder Muster befreien, komplementär auf die Aktion eines anderen reagieren zu müssen. Letzten Endes strebt die Transaktionsanalyse die Vermittlung dieser Grundhaltung an, da sie eine gewaltfreie und offene Kommunikation ermöglicht.

Die Spielanalyse

Ähnlich den Lebensanschauungen verfestigen sich die typischen Handlungsmuster der „Spiele der Erwachsenen" ebenfalls vor dem Hintergrund sich wiederholender Erfahrungen. Diese sozial-psychologischen Phänomene arbeiten mit verdeckten Transaktionen und bieten den Spielern daher einen ganz bestimmten Nutzen.
Es ist sinnvoll, entsprechende Kommunikationsmuster zu kennen, um den damit verbundenen Fallen wirkungsvoll

vorbeugen oder ausweichen zu können. Am bekanntesten und verbreitetsten sind:

Jäger- oder Verfolger-Spiele

Das sind besonders im beruflichen Umfeld beliebte Spiele und typische Vorgesetztenspiele. Sie gehen von der Grundeinstellung *„Du bist nicht o.k."* aus. Dabei macht der Vorgesetzte gewissermaßen „Jagd" auf einen Mitarbeiter, doch auch mit entsprechender Machtposition ausgestattete Kollegen können derartige Spiele praktizieren. Das „Opfer" wird bei einem Fehler, Verstoß oder Versäumnis ertappt:

Chef: *„Ist die Pressemitteilung schon fertig?"*

Mitarbeiter: *„Nein, ich bin bislang noch nicht dazu gekommen, weil ..."*

Chef: *„Das kann doch nicht wahr sein, mittlerweile müssten Sie doch wissen, welche Aufgaben Priorität haben ..."*

So wird eine Eltern-Kind-Ich-Ebene konstruiert, auf der es darum geht, dem anderen eins „auszuwischen", ihn unter Druck zu setzen und nervös zu machen. Häufig wird das mit Zeitdruck, einer langen Aufgabenliste und oft unrealistischen Ergebnisabfragen erreicht.

Opfer-Spiele

Opfer-Spiele gehen genau von der gegenteiligen Grundeinstellung aus: *„Ich bin nicht o.k."*. Auf dieser Basis lädt das Opfer sein Gegenüber dazu ein, es schlecht zu behandeln:

A: *„Was immer ich anpacke, es geht schief. Was mache ich denn nur falsch?"*

B: *„Das haben wir doch schon besprochen. Sie wissen doch mittlerweile, woran es liegt."*

A: *„Aber ich habe es doch wirklich versucht ..."*

B: *„Müssen wir das jetzt noch einmal durchkauen ... ?"*

In Opfer-Spielen sucht das Opfer nach einer Bestätigung seiner Grundhaltung *„Ich bin nicht o.k."* und es ist erfinderisch darin, Situationen zu schaffen, die zu diesem Ergebnis führen.

2.6 Vom Homo sapiens zum Hormo sapiens

Trifft uns Unfairness, dann bringt sie uns in der Regel aus dem Gleichgewicht und löst in uns ein Bedrohungsgefühl aus. Darauf reagieren wir mit einem archaischen Programm, das unseren Vorfahren einst das Überleben sicherte, indem es bei Gefahr u.a. die so genannten Stresshormone Adrenalin und Noradrenalin ausschüttete und so den Körper auf Flucht oder Kampf einstellte.
Auch wenn das heutzutage in der Regel natürlich keine Handlungsoptionen mehr sind, reagiert unser Körper bei Stress immer noch mit den entsprechenden Hormonausschüttungen. Leider werden damit aber gleichzeitig auch die höheren Denkfunktionen im Großhirn blockiert. Das erklärt, warum wir in Stresssituationen oft nicht in der Lage sind zu denken, ja sogar in vielen Fällen einen Blackout erleiden. Der Mensch wird, um es mit Vera Birkenbihl zu formulieren, vom „Homo sapiens zum Hormo sapiens" und spult entsprechende Instinktreaktionen ab.

> In Bezug auf Ihre Schlagfertigkeit ist es wichtig, standardisierte Vorgehensweisen zu erwerben und einzuüben, die bei der Konfrontation mit unfairen Praktiken einen Rückfall in instinktive Mechanismen verhindern.

Und auch dazu will Ihnen dieses Buch verhelfen. Ein Aggressor erwartet in der Regel von Ihnen ganz bestimmte Reaktionen auf seine Attacken. Wenn Sie dann in der Lage sind, untypisch zu reagieren, weil Sie die im Hintergrund ablaufenden Mechanismen und „Spiele" durchschauen, bringen Sie ihn buchstäblich aus seinem Konzept.

2.7 Welchen Nutzen haben Sie von der Kenntnis dieser Modelle und Theorien?

Jeder von Ihnen, der dieses Buch liest, empfindet die Welt und das, was ihm begegnet, auf seine ganz eigene Art. Jeder denkt anders und braucht einen individuellen Zugang, der seiner Denk- und Empfindungsart entspricht. Das ist der Grund, warum ich Ihnen all diese Theorien vorstelle. Ich halte sie alle für bedeutend und sie ergänzen sich.

Watzlawick lenkt unseren Blick auf die Bedeutung der emotionalen Ebene, und für Ihre Auseinandersetzung mit dem Thema Unfairness ist es wichtig zu erkennen, dass Ihre Emotionen angesichts einer Attacke zunächst die größte Bedeutung haben. Unfairness (ob echt oder empfunden) führt zu einer primär emotionalen Reaktion.

Dass wir mehr „aus dem Bauch heraus“ reagieren, als wir vielleicht bewusst wahrhaben wollen, erkennen wir auch dank des Eisberg-Prinzipes. Wissen und akzeptieren wir das, können wir den Moment erkennen, wo unsere Gefühle die Herrschaft in uns übernehmen, und dem bewusst gegensteuern.

Schulz von Thun erklärt, wie vielschichtig Kommunikation ist und welche komplexen Botschaften unterhalb der reinen Sachaussage mitschwingen. Wenn drei von vier Aussageaspekten direkt die emotionale Ebene ansprechen, sind entsprechende Reaktionen vorprogrammiert. Wenn wir uns für die verschiedenen Kommunikationsebenen sensibilisieren und registrieren, was aktuell abläuft, können wir bewusst auswählen, auf welchen Aussageaspekt wir reagieren wollen.

Maslows Bedürfnispyramide vermittelt uns, dass Kommunikation nicht um ihrer selbst willen gewissermaßen im luftleeren Raum stattfindet, sondern sich immer vor dem Hintergrund ganz spezifischer Bedürfnisse abspielt. Erschließt sich uns dieser Hintergrund, erkennen wir, warum Kommunikation misslingt, aggressiv verläuft oder die Klärung von Sachthemen oft darunter leidet, dass scheinbare Nebensächlichkeiten im Vordergrund stehen.

Die Transaktionsanalyse zeigt, welche Grundstrukturen unsere Interpretation einer Mitteilung beeinflussen. Das Erwachsenen-Ich wird in der Regel die Sachinformation betonen und heraushören. Im Gegensatz dazu Eltern- und Kindheits-Ich eher die emotionalen Komponenten. Wenn mich also z.B. eine bestimmte Formulierung oder eine bestimmte Art zu formulieren (z.B. Anweisungen) zu Trotzreaktionen provozieren, kann ich mithilfe der Transaktionsanalyse herausarbeiten, welche Prägungen, Muster oder gelernten Reaktionen dahinter stecken. Vielleicht war das eine Form von Fürsorge oder Bevormundung, die mich als Kind oder Jugendlicher schon auf die Palme gebracht hat und ich reagiere noch heute aus dieser Position des „Kind-Ichs“ heraus. Verstehen des eigenen und fremden Handelns ist also der erste Schritt zur Entscheidungsfreiheit.
Die Konzepte der vier Lebensanschauungen und der „Spiele“ helfen, „Marionetten-Strukturen“ zu erkennen.
Ich will Ihnen den Nutzen an einem Beispiel illustrieren: Vor einiger Zeit fragte mich an einer S-Bahn-Haltestelle eine Frau, ob eine bestimmte Bahn nach Köln führe. Ich nickte sie freundlich an, bestätigte ihre Annahme und fügte, da es sich um die letzte Station vor dem Hauptbahnhof handelte, hinzu, dass ab hier alle Bahnen nach Köln führen. Darauf reagierte sie mit einem (schnippigen): *„Danke vielmals, das war ja sehr freundlich.“*
Was ist da passiert? Zunächst habe ich aus der Position des Erwachsenen-Ich reagiert, bin dann aber überfürsorglich geworden und habe im Eltern-Ich „belehrt“. Das hat mein Gegenüber als negativ empfunden und sich aus dem Kind-Ich heraus gewehrt. Die relativ heftige Reaktion legt den Schluss nahe, dass ich da ein Muster getroffen habe.
Erkenne ich das, gerate ich nicht in Zugzwang, entsprechend heftig zu kontern und laufe so nicht Gefahr, dass die Situation eskaliert. Auch muss ich mir keine Sorgen machen, dass das unfaire Verhalten vielleicht in meiner eigenen Person begründet ist. Ich vermeide also Stress und kann den Vorfall einfach so stehen lassen.

Sie sollten mit dem Modell, das Sie am meisten anspricht und Ihnen am plausibelsten erscheint, beginnen. Wenden Sie es auf die Situationen an, die Sie beschäftigen und versuchen Sie, diese Situationen entsprechend dem Modell zu analysieren. Sollten Sie feststellen, dass Sie einmal nicht weiterkommen, testen Sie eines der anderen Modelle aus.
So lernen Sie allmählich, die komplexen Zusammenhänge, die aus Missverständnissen und kleinen Zusammenstößen Konflikte, Unfairness und Manipulation machen, nachzuvollziehen und zu verstehen.
Wissen und Verständnis von Prozessen aber ermöglichen es uns, die weiteren Wahlmöglichkeiten, die wir in einer Situation haben, zu erkennen und zu nutzen. Das hilft uns, adäquat zu handeln, unsere Interessen zu wahren und – vielleicht sogar – dem anderen aus der Patsche zu helfen.
Sie fühlen sich nicht länger hilflos und ausgeliefert. Sie brauchen sich auch nicht mehr ständig bedroht zu fühlen und das mindert den Stress, dem Sie bei Attacken ausgeliefert sind, in der Regel erheblich.
Wer andere Verteidigungsmechanismen kennt als Schläge, muss den anderen nicht verletzen, und wer erkennt, dass er nicht verletzt werden sollte, der muss sich auch nicht verletzt fühlen. Also können wir tatsächlich durch Verstehen unsere Souveränität wahren und unsere Interessen wesentlich erfolgreicher vertreten.

Auf den Punkt gebracht

- Kommunikationsmodelle versuchen uns zu erklären, wie unser Miteinander funktioniert. Sie erklären damit aber auch, wie es zu Missverständnissen und Unfairness kommt.
- Wir sprechen stets auf zwei Ebenen, der Sachebene und der Beziehungs-/Gefühlsebene. Dabei hilft das Entschlüsseln der Beziehungsbotschaft zu erkennen, wie die Sachinformation zu verstehen ist.
- Es kann immer zu „Fehl"-Sendungen und „Fehl"-Interpretationen kommen. Die daraus resultierenden Kommunikationsstörungen sollten Sie schnell beseitigen, damit keine nachhaltigen Störungen entstehen.
- Missverständnisse führen zu Störungen auf der Gefühlsebene. Die so entstehenden Gefühlsstürme vernebeln buchstäblich unseren Verstand. Deshalb sollten solche Störungen beseitigt werden, damit wir wieder denk- und arbeitsfähig werden.
- Jede Äußerung, die wir machen, beinhaltet viele mögliche Botschaften. Im Sinne eines förderlichen Miteinanders haben wir jederzeit die Möglichkeit, uns für eine wohlmeinende Interpretation zu entscheiden und so einer Situation eine positive Wendung zu geben.
- Jeder Mensch trägt Bedürfnisse in sich, die intensive Gefühle in uns auslösen können. Wenn Sie mit Menschen zusammenarbeiten, sollten Sie deren Bedürfnisse nicht verletzen oder missachten. Sorgen Sie auch für die Befriedigung Ihrer eigenen Bedürfnisse, um Ihre Denk- und Entscheidungsfähigkeit zu wahren.
- Viele Handlungen anderer lösen in uns eine Art „Flashback", eine Rückerinnerung aus. Wir reagieren dann nicht auf die Realität, sondern auf diese Erinnerung. Achten Sie darauf, wann das passiert, damit Sie sich aus den entsprechenden Mustern lösen und so Entscheidungs- und Handlungsfreiheit gewinnen.

3 Die Arbeitsweise der unfairen Dialektik

„Warum haben Sie mir das nicht gleich gesagt?"

„Mischen Sie sich gefälligst nicht in meine Angelegenheiten!"

„Der hat mich einfach stehen lassen!"

3.1 Was ist eigentlich „unfair"?

„Was empfinden Sie als unfair?" „Was hat Sie in dieses Seminar geführt?" Diese Fragen stelle ich meinen Seminarteilnehmern stets, bevor ich anfange, mit ihnen das Thema „Faire und unfaire Dialektik" zu bearbeiten.
Die Antworten sind sehr unterschiedlich: Mal handelt es sich um Verhaltensweisen, mal um Bemerkungen, die als unfair empfunden werden. Mal sind es richtige Beleidigungen, in anderen Fällen entwickelt sich aber auch eine Auseinandersetzung darum, ob etwas unfair ist – oder nicht. Mal wirkt eine Unfairness gezielt, mal eher wie ein Ausrutscher. Das macht es schwierig, adäquat darauf zu reagieren und eine „Immer-Richtig-Strategie" gibt es ganz offensichtlich nicht. Doch jedes Verhalten individuell zu beurteilen, hilft Ihnen in der Realität auch nicht weiter.
Deshalb möchte ich Ihnen zunächst grundlegende und systematische Einflussfaktoren und Stellschrauben vorstellen, die Ihnen helfen, eine konkrete Situation in den Griff zu bekommen.

3.2 Unfairness ist immer ein Kommunikationsproblem

Unfairness ist grundsätzlich an Kommunikation gebunden. Sie braucht, um mit der Sprache der Kommunikationspsy-

chologen zu sprechen, einen Sender und einen Empfänger und ohne ein solches Setting kann es nicht zu unfairen Attacken kommen. Die Unfairness versteckt sich dabei in der Regel in dem Austausch, der zwischen den beiden Kommunikationspartnern stattfindet.
Dabei ist es unerheblich, ob der Austausch persönlich, telefonisch, mündlich, schriftlich oder nonverbal stattfindet.
Da Unfairness in der Regel als Schlag gemeint bzw. als solcher empfunden wird, bezeichne ich sie im Folgenden als Attacke oder Aggression.

3.3 Mit was haben Sie es zu tun? – Drei Kategorien von Attacken

Alle Attacken, die uns begegnen, lassen sich, so meine Beobachtung, drei großen Kategorien zuordnen:
- Miss- oder Ungeschicke
- Explosionen
- Gezielte (Ab-)Schüsse

Miss- oder Ungeschicke

Bei Miss- oder Ungeschicken liegt der Attacke in der Regel keine wirklich gezielte Absicht zugrunde.

„Ach, wirklich?"
Diese Äußerung kann dann als Attacke aufgefasst werden, wenn die Betonung unglücklich ist oder aber falsch interpretiert wird. Im ersten Fall wird die Bemerkung vom Sender unglücklich verschlüsselt, z.B. durch eine ironisch wirkende Bedeutungsnuance. Sie kann aber auch vom Empfänger falsch entschlüsselt werden, dann interpretiert er vielleicht etwas hinein, was gar nicht gemeint oder da ist. Das wäre dann eine Art „Übermittlungsfehler".
Generell ist immer der Kontext wichtig, in dem etwas geäußert wird. So kann diese Aussage – und das gilt ganz allge-

mein für alle noch folgenden Beispiele – vor einem anderen Hintergrund durchaus einen gezielten Abschuss darstellen.

Explosionen

„Ja, Verdammt und zugenäht, wie lange soll ich denn noch warten …"
Bei Explosionen hat sich meistens im Aggressor etwas aufgestaut. Das ist ähnlich wie in einem Dampfkochtopf, wird der Druck im Inneren zu groß, lässt er den Überdruck über das Ventil ab.

„Warum haben Sie mir das nicht gleich gesagt?"
Werden Informationen nur unvollständig weitergegeben oder aufgenommen, kann das in der Folge zu Fehlentscheidungen führen. Das Ergebnis ist oft Ärger, der sich in einem Ausbruch entlädt. Die Attacke ist also unmittelbar aus den Umständen erklärbar und nicht als persönlicher Angriff gemeint.

Explosionen sind leicht zu erkennen an Fluchen, Brüllen, unkontrollierten Handlungen bis hin zu Beleidigungen. Meist werden sie von einer veränderten Gesichtsfarbe oder extremer Körperspannung (vorbeugen, Hände zu Fäusten ballen) begleitet. Es kann sogar zu Tätlichkeiten kommen, z.B. Schmeißen von Gegenständen, „mit der Faust auf den Tisch schlagen" oder sogar echten Schlägen.
Typisch für Explosionen ist, dass sie selten persönlich gemeint sind, der Adressat wird vielmehr wie eine Art Blitzableiter benutzt und in der Regel vermischen sich Mitteilung und Zustandsinformation. Während die Mitteilung den eigentlichen Anlass des Ärgernisses betrifft, geht es bei der Zustandsinformation darum, wie es dem Aggressor geht. Dies ist meist ganz offensichtlich. Je nachdem, wie erregt der Aggressor ist, kann es aber lange dauern, bis man das eigentliche Ärgernis herausgearbeitet hat. Und das ist nötig, will man der Aggression konstruktiv begegnen können.

Gezielte (Ab-)Schüsse

„Mischen Sie sich nicht in meine Angelegenheiten!“
„Alle sind begeistert, aber ich entdecke an Ihnen nur Fehler!“
Dies ist die gravierendste Form der Unfairness, denn hier handelt es sich um Attacken, die den Adressaten gezielt düpieren oder provozieren sollen. Auch solche Attacken lassen sich gut erkennen, da das Gegenüber (im Gegensatz zur Explosion) oft sehr beherrscht wirkt. Teils spiegelt er kontrollierten Ärger (kalte Wut), aber häufiger signalisiert der Aggressor in der entsprechenden Situation Überheblichkeit, Herablassung oder kühle Gleichgültigkeit.
Diese Form wird häufig im Mobbing angewandt und zu jeder „Soap“ im Fernsehen gehört ein solcher Charakter, der scheinbar grundlos andere herabsetzt und beleidigt.

Die Konsequenzen, die sich aus der Kenntnis unterschiedlich schwerer Arten von Aggressionen ergeben:

Konsequenz für Ihren Umgang mit Unfairness

Bei Ihrer Reaktion sollten Sie sich immer vor Augen halten, um welche Art von Attacke es sich handelt: „Schießen Sie nicht mit Kanonen auf Spatzen“.

3.4 Die „Schlagtechnik“: Attackieren auf zwei Ebenen

Die meisten Beispiele, die ich bislang aufgezeigt habe, waren verbale Attacken. Doch Attacken müssen nicht immer auf verbaler Ebene erfolgen, sondern können genauso gut nonverbaler Natur oder aber beides sein.

Verbale Attacken

Verbale Attacken drücken sich über das Wort aus:
- Beleidigungen
- Herabwürdigungen …

- *„Sie sind einfach zu dumm dazu."*
- *„Sie können es (einfach) nicht."*
- *„Sie ist sehr intelligent, aber ich bin halt der Praktiker."*

Meist sind verbale Attacken gut zu erkennen und auch leichter zu „behandeln".

Nonverbale Attacken

Gerne macht die nonverbale Begleitmusik, z.B. der Tonfall, die Beleidigung.

„Wirklich?"

Bei diesem Beispiel liegt die Attacke ausschließlich in der nonverbalen Begleitinformation. Die Betonung, vielleicht noch verstärkt durch die Mimik, entscheidet darüber, ob ein *„Wirklich"* als echte Verwunderung/Überraschung oder als gespielte Frage im Sinne eines, *„Ach, behaupten Sie nicht, Sie hätten das nicht gewusst …"* verstanden werden soll.

Aber die Beleidigung kann auch in einer Handlung oder Unterlassung stecken. Nehmen wir einmal an, Sie haben mit einer Kollegin eine Verabredung, doch als Sie zu ihrem Büro kommen, ist sie nicht da. Sicherlich, das kann wirklich ein unglücklicher Zufall sein, doch es schwingt immer eine Beleidigung mit. Warum? Wer hat sich auf den Weg gemacht, Sie oder Ihre Kollegin? Das heißt, Sie haben die Mühe des Weges auf sich genommen, Zeit investiert und Ihre Kollegin dankt es Ihnen mit „Nicht-da-Sein"! Ganz ähnlich verhält es sich mit Unpünktlichkeit oder auch den Anrufen, die Ihr Gastgeber während Ihres Gespräches entgegennimmt. Das sind sehr subtile Beleidigungen, die wir euphemistisch Unhöflichkeiten nennen. Verstehen Sie vielleicht jetzt, warum Sie eventuell auf so etwas so gekränkt reagieren?

Konsequenz für Ihren Umgang mit Unfairness

Bevor Sie reagieren, überlegen Sie ganz konkret, worin genau die Kränkung besteht, die Sie gerade empfinden. Erst dann können Sie adäquat reagieren.

3.5 Attacken emotionalisieren und schalten die Denkfähigkeit aus!

Wenn Sie sich die verschiedenen Wortwechsel, Reaktionen oder auch Begebenheiten, die als Beispiele für Unfairness genannt werden, genauer anschauen oder eigene Erlebnisse rekapitulieren, dann stellen Sie Folgendes fest:

- Der Adressat ist schockiert.
- Der Adressat ist sauer.
- Der Adressat ist getroffen.
- Der Adressat ist verletzt.

Kurz:

> Attacken versetzen uns Schläge und lösen entsprechende Gefühle aus.

Diese Gefühle können zu einem totalen Blackout führen, z.B. einem Schock, aber auch, wenn wir „blind vor Wut" sind, sind wir nicht mehr denkfähig, wir vergessen uns. Ist etwas Zeit vergangen, mildern sich diese Gefühle, aber trotzdem beherrschen sie auch dann noch weitgehend unser Denken und Handeln und verengen unsere Sicht der Dinge, unsere Gedanken kreisen immer wieder um das gleiche Problem, wir sehen innerlich den immer gleichen Film ablaufen. Auch dann bleibt unser Denk- und Handlungsvermögen eingeschränkt und wir neigen dazu, nach Revanche oder sogar Rache zu streben. Gedanken und Bemerkungen wie *„Wie kann ich dem mal so richtig einen reinwürgen?"* oder *„Dem zeige ich es noch mal!"* zeigen dieses Bedürfnis.
Genau da liegt ein echtes Problem, denn wenn Sie hauptsächlich darüber nachdenken, wie Sie sich rächen oder revanchieren können, dann lassen Sie sich von Ihren Gefühlen beherrschen und können eben nicht mehr angemessen reagieren. Häufig sind Entgleisungen, und das *„Schießen mit Kanonen auf Spatzen"* die Folge. Unsere Reaktion steht dann in keinem Zusammenhang mit der Attacke. Wir haben die Orientierung verloren und sind im wahrsten Sinne des

Wortes „benebelt“. Auch Trotz und Schmollen gehören in das Reaktionsspektrum, das gefühlsbestimmt ist und nicht mehr rational und vernünftig.

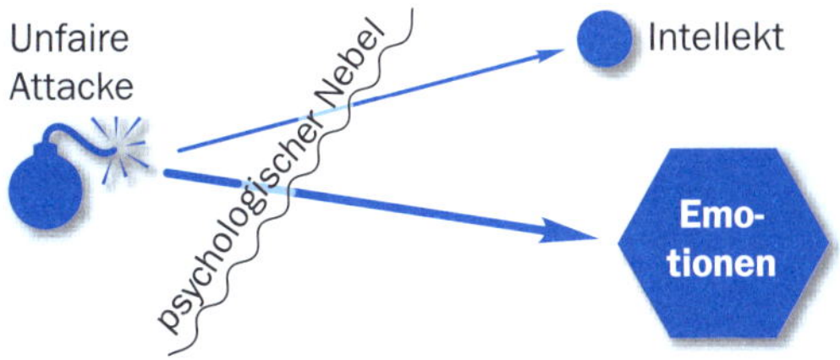

Unfairness verursacht psychologischen Nebel

Solche Reaktionen können weit reichendere Formen haben als die Attacke eines Aggressors. Nehmen wir an, Sie beginnen einen Streit mit dem Aggressor darüber, was ihm denn einfalle, so mit Ihnen umzugehen. Inwiefern hilft Ihnen dieser Streit beim Finden der Heftklammern? Nichts, oder? Und trotzdem fangen viele einen solchen Streit an, statt ihr eigentliches Ziel zu verfolgen.
Diese Strategie haben Vertreter des so genannten „Ostblockes“ gerne in der Zeit des Kalten Krieges angewandt. Warf z.B. ein Amerikaner einem Vertreter der Sowjetunion Menschenrechtsverletzungen vor, dann thematisierte dieser z.B. den Genozid an den Indianern.

Konsequenz für Ihren Umgang mit Unfairness

Lassen Sie sich nicht von Ihren Gefühlen beherrschen. Wenn Sie schwer getroffen sind, prüfen Sie genau, was in Ihnen getroffen ist und rationalisieren Sie die Ereignisse. Das ermöglicht Ihnen eine halbwegs vernünftige Reaktion und überlegen Sie genau, was Ihr Ziel ist.

Dieses typische Verhaltensmuster, dass wir uns „einnebeln“ (lassen) und dabei unsere eigentlichen Ziele vergessen, macht

für Manipulateure den Einsatz entsprechender Mittel so interessant.
Und wie sollen Sie darauf reagieren? Das lässt sich nicht pauschal beantworten, denn die Frage, warum unser Gegenüber uns „attackiert", spielt eine gewichtige Rolle.

3.6 Der Aggressor und seine Intentionen

Was müssen Sie über den Aggressor wissen, um wirkungsvoll mit seinen Attacken umgehen zu können?
Jeder, der unfair agiert, hat Motive bzw. Gründe für sein Verhalten. Aus dieser Motivlage heraus wird ein Mensch zu einem Aggressor. Wir hatten ja drei Kategorien von Attacken herausgearbeitet und dementsprechend gibt es auch drei Arten von Aggressoren:

- Den Tolpatsch
- Den Wütenden
- Den Jäger

Wenn man das Verhältnis korreliert, ist die Mehrzahl der Attacken, denen wir täglich ausgesetzt sind, nicht böse motiviert.

Der Tolpatsch

Der Tolpatsch erwischt aus Unkenntnis die falsche Tonlage, eine falsche Betonung, das falsche Wort oder die falsche Bemerkung. Ich würde sogar den Fall, dass es den Falschen erwischt, zu diesen Fällen zählen.
Tolpatsche behandeln Sie am besten mit Nachsicht:

- Fragen Sie nach, wie Sie das verstehen sollen.
- Tun Sie so, als hätten Sie das nicht mitbekommen.
- Paraphrasieren Sie positiv: *„Meinten Sie …?"*
- Hören Sie aktiv zu, fragen Sie doch zur Abwechslung, wie es ihm geht, ob es ein harter Tag war …
- Und: Lassen Sie ihm die Möglichkeit, sein Gesicht zu wahren.

Nehmen wir an, ein Verkäufer, den Sie nach einem Sonderangebot fragen, hätte seinen Ärger spontan an Ihnen ausgelassen: *„Nicht schon wieder!"* Dann wird er sich normalerweise im nächsten Moment für sein Verhalten schämen. Selten entschuldigt sich heute jemand für einen solchen Ausrutscher, aber probieren Sie es einmal mit einer Reaktion wie: *„Heute war wohl ein stressiger Tag?"* und in diesem Fall wird der andere gerne die Gelegenheit wahrnehmen, sich indirekt zu entschuldigen: *„Ja, heute ist wirklich ein schwieriger Tag, jeder Zweite fragt mich nach dem Sonderangebot und gerade kam mein Chef und hat mich auch noch angeraunzt, weil die Waren immer noch nicht eingeräumt sind ..."*. Das wäre dann eine indirekte Entschuldigung, an der Sie merken, dass es nicht so gemeint war. Da jetzt noch einen „draufzusetzen" würde weder Ihnen noch dem anderen irgend einen Nutzen bringen, das würde nur unnötigen Ärger nach sich ziehen. Im Gegenteil, mit einer eher mitfühlenden Reaktion helfen Sie sowohl dem Verkäufer als auch sich selbst. Sie bleiben beide entspannt und arbeitsfähig.

Der Wütende

Wütende explodieren nicht ohne Grund. Irgendetwas hält oder setzt sie aktuell unter Druck. Die Gründe können sehr unterschiedlich sein:

- Ein wunder Punkt wurde berührt.
- Er will über etwas nicht sprechen.
- Man hat eine böse Erinnerung wachgerufen.
- Er hat eine Kette von üblen Erlebnissen hinter sich.
- Ärger hat sich aufgestaut ...

Je nachdem, was hinter einer Explosion steht, kann der Ausbruch ein gereiztes *„Ja"* sein, in Flüchen, einem kleinen Anfall oder einem ausgewachsenen cholerischen Ausbruch bestehen. Wütende ähneln einem Dampfkochtopf, der Druck ablassen muss. Sich bei einem Wütenden zu revanchieren kann bedeuten, ihm noch mehr Druck zu machen und meist erzeugt Druck Gegendruck.

Hilfreicher im Umgang mit Wütenden ist eine andere Strategie: Sachlich und ruhig bleiben.

Je nachdem, was hinter der Explosion steht, ist der Wütende zunächst ohnehin nicht ansprechbar, sondern wirklich „blindwütig".

Nehmen Sie an, Sie arbeiten in einer Beschwerdehotline. Da rufen üblicherweise viele Menschen an, die ziemlich unangenehm und unfair werden können. Eine Beschwerde macht man nicht mal eben, sondern die Mehrzahl der Beschwerdeführer muss sich dazu überwinden und hat schon einen inneren Konflikt durchgestanden, stehen also im doppelten Sinn unter Druck. Weil Sie sich über ein Produkt oder eine nicht fehlerfreie Leistung ärgern und weil Sie dann auch noch mit sich gekämpft haben, ob Sie sich nun beschweren, oder nicht. Kein Wunder, dass Beschwerdeführer schnell explodieren, wenn sich der Ärger über längere Zeit angestaut hat. Solange dieser Ärger einen bestimmten Pegel übersteigt, ist der Beschwerdeführer rational nicht ansprechbar. Er will Dampf oder besser Hormone ablassen, und solange das so ist, ist er nicht zugänglich und jeder Versuch, ihm auch nur gut zuzureden, hat eine ähnliche Wirkung wie der Versuch, ein Überdruckventil wieder schließen zu wollen, wenn der Überdruck raus will. (Denken Sie an den psychologischen Nebel.) Also: Geben Sie Ihrem Gegenüber die Gelegenheit, Druck abzulassen.

Darüber hinaus treiben den Explodierenden meist nicht nur ein, sondern zwei Motive an:

- Emotionales Motiv: Sie wollen ihrem Ärger Luft machen.
- Sachmotiv: Sie wollen etwas in der Sache erreichen.

Ich habe übrigens nicht umsonst das emotionale Motiv hier zuerst genannt, es ist meist wichtiger als das Sachmotiv (siehe auch Kap. 2.2 Eisbergprinzip). Das kann aus Sicht Dritter sogar zu paradoxen Reaktionen führen, dass Sie einem Beschwerdeführer sachlich geben, was er will, und trotzdem ist er nicht zufrieden, weil das wichtigere Bedürfnis nach einem offenen Ohr und Verständnis nicht befriedigt wird.

Deswegen: Schenken Sie einem Wütenden Ihr Verständnis und er wird sich in vielen Fällen sogar dafür entschuldigen, dass er sich bei Ihnen beschwert hat.
In der Regel sind die Explosionen Wütender nicht auf ihr Gegenüber gerichtet, sie treffen sie eher zufällig. Das ist wie bei einem Blitz, der schlägt ja auch zufällig ein. Es gibt aber Ausnahmen: Da haben Sie schon wieder die Zahnpastatube nicht zugedreht! In solchen Fällen können Sie davon ausgehen, dass die Explosion direkt auf Sie gerichtet ist.
Wenn Sie wissen, dass nicht Sie persönlich gemeint sind, brauchen Sie sich nicht mehr persönlich angesprochen zu fühlen und die Gefahr, sich getroffen zu fühlen, ist geringer und verringert auch Ihr Bedürfnis nach Rache und Sie können konstruktiv mit der Situation umgehen.
Doch Achtung: Es wäre falsch, alle Wütenden gleich zu behandeln, ihnen also hauptsächlich Gelegenheit zu geben, Dampf abzulassen. Gerade wenn z.B. Kinder oder Kandidaten, die sich um etwas drücken wollen, punktuell explodieren, kann es sinnvoll sein, Grenzen zu ziehen.

Jäger

Eine andere Kategorie sind Aggressoren, die mit Absicht attackieren. Manche Chefs z.B. brauchen das, um sich in ihrer Rolle bestätigt zu fühlen. Antipathie kann ebenfalls ein Motiv sein. Jäger sind cool und völlig rational. Sie haben oft kein schlechtes Gewissen, für einige spielt es keine Rolle, andere fühlen sich berechtigt zu ihrem Tun, weil sie sich schlecht behandelt sehen (*„Er zwingt mich dazu“, „Das konnte ich doch nicht hinnehmen“, „Ihr werdet schon sehen, was ihr davon habt“*) oder das Opfer nicht dazugehört. Ein Jäger kann auch Freude an bestimmten Reaktionen oder Gefühlen haben, die er bei seiner „Beute“ auslöst.

Die Interessen von Jägern können auf

- bestimmte Personen,
- Machtausübung,

- bestimmte Reaktionen,
- das Schaffen bestimmter Personenkonstellationen,
- Kompensation subjektiv empfundener Nachteile,
- bloße Spielfreude, Jagdtrieb …

gerichtet sein.

Hier erreichen Sie meist wenig mit Einfühlungsvermögen, sondern hier kann es wichtig sein, Grenzen zu ziehen oder unberechenbar zu wirken. Jäger sind die schwierigste Kategorie von Aggressoren.

Sie sollten Jäger klar in ihre Schranken verweisen.

Dazu müssen Sie zunächst einmal das Motiv und/oder typische Muster recherchieren. Das heißt, Sie müssen den „Jäger", der sie terrorisiert, studieren. Ja, das ist aufwändig, aber es ist auch zugleich eine wunderbare Verteidigungsstrategie, denn sie hilft Ihnen, sich auf anderes zu konzentrieren als auf Ihr Gefühlskorsett. Sie schlüpfen in die Haltung eines Wissenschaftlers, der gerade ein Experiment durchführt und das verändert Ihre Einstellung zur Situation meist völlig. Studieren Sie auch die Umgebung des Jägers. Wer zählt zu seiner Beute und wen meidet oder respektiert er? Was zeichnet diese Menschen aus? Welche Kommentare gibt er zu Personen oder Geschehnissen?
Haben Sie typische Verhaltens- und Denkmuster herausgefunden, können Sie sich eine Reihe von Verteidigungsstrategien überlegen und aktiv werden. Übrigens: Oft ist dann eine Verteidigung schon nicht mehr notwendig, weil sich durch diesen Perspektivwechsel etwas in Ihrer Beziehung verändert hat, sodass Sie sich nicht länger als Beute fühlen.

Marionettenspieler brauchen Reaktionen

Jäger haben Ähnlichkeit mit Marionettenspielern, die an den Fäden ihrer Puppe ziehen und entsprechende Reaktionen erwarten. So brauchen auch Jäger sichtbare Reaktionen ihrer Opfer. Meist kennen sie diese und ihre typischen Reaktionsmuster gut.

Zu einer gelungenen Attacke gehört also immer auch eine entsprechende Opferreaktion. Setzen Sie hier an und verderben Sie Ihrem Aggressor seine Strategie:

> Reagieren Sie anders als erwartet, werden Sie unberechenbar für den Aggressor!

Vielleicht halten Sie die Frage nach dem Motiv eines Aggressors für akademisch, aber tatsächlich ist sie wichtig. Denn je nachdem, wie eine Aggression motiviert ist, muss oder sollte sie anders beantwortet werden. Sie werden das schnell merken, wenn Sie es einmal ausprobieren.

Jedem Aggressor seine Reaktion
Damit ihr Verhalten zu einer Verbesserung der Situation für Sie führt, ist es wichtig, eine für den Aggressor angemessene Reaktion zu finden und sich nicht blindwütig zu revanchieren. Spielen Sie mit Rollen (TA), suchen Sie eine andere Interpretationsmöglichkeit (vier Seiten einer Nachricht), antworten Sie sachlich statt emotional oder emotional statt sachlich.

3.7 Das Opfer und seine typischen Reaktionsmuster

Was müssen Sie über das Opfer wissen? Wann sind Sie denn eigentlich ein Opfer? Wenn Sie mit unfairen Attacken konfrontiert werden? Wenn Sie sich „getroffen" fühlen? Diese scheinbar einfachen Fragen sind auf den zweiten Blick nicht ganz so einfach zu beantworten. Zunächst gilt es zu unterscheiden, ob man wirklich ein Opfer ist.

> Viele sind zwar Gegenstand oder Ziel einer Attacke, aber noch lange keine Opfer.

Ziel einer Attacke oder Opfer?
Was der Unterschied ist? Zu einem Opfer gehört eine Opferrolle, die man annehmen kann oder auch nicht. Dahinter steckt immer eine Entscheidung der „Zielperson". Wer sich

als Opfer versteht, hat sich, so hart das klingen mag, immer entschieden, diese Rolle auch anzunehmen. Die Zielperson kann diese Rolle aber auch verweigern. Und darin liegt die Wahlfreiheit, die Sie zu jedem Zeitpunkt haben.

Opfer tragen Scheuklappen ...

Opfer tragen, übertragen gesprochen, Scheuklappen. Haben Sie schon einmal Ihre eigenen Gefühle, Reaktionen und Äußerungen daraufhin beobachtet? Opfer achten vor allem auf ihre Gefühle, sie fühlen sich verletzt, getroffen, missverstanden ... Die Situation wird immer wieder in ihrem Ablauf beschrieben, innerlich läuft also ständig der gleiche Film. Oft werden die Ereignisse kommentiert, *„Das war so gemein!"* oder *„Kannst du dir vorstellen, dann hat er oder sie doch tatsächlich ..."*. Die Umgebung wird nur noch sehr pauschal beschrieben: *„Keiner versteht mich!"*
Kein Wunder, dass Opfer sich hilflos fühlen, denn ihre Aufmerksamkeit kreist um die stets gleichen Punkte und die Perspektive ist stets die gleiche. Opfer klagen und jammern und erwarten mehr oder minder offen, dass die anderen etwas tun. Das ist übrigens keine Kritik, sondern eine einfache Beschreibung. Doch wer stets nur in die gleiche Richtung schaut, sieht nicht die Tür, die sich im Rücken öffnet.

Die Opferrolle verlassen

Wenn Sie also merken, dass Sie sich getroffen oder unter Druck fühlen, sollten Sie Ihre Situation genauer unter die Lupe nehmen und unter anderem Ihre Perspektive verändern. Nicht alles, was Sie dabei feststellen werden, wird Ihnen gefallen: In vielen Fällen werden Sie merken, dass Sie ebenfalls einen gehörigen Anteil Mitverantwortung tragen, aber nur wenn Sie „schonungslos" alles unter die Lupe nehmen, kommen Sie aus der Opferrolle heraus.

Das Opfer zu sein ist Gewinn bringend

Das ist – wie schon gesagt riskant –, wenn Sie sich unter die Lupe nehmen, könnten Sie so manches Unangenehme ent-

decken, z.B. dass Sie wirklich etwas verschlampt, dass Sie jemanden tatsächlich falsch informiert oder dass Sie jemanden beleidigt haben. Vielleicht müssen Sie sich entschuldigen? Vielleicht müssen Sie Dinge und Verhaltensmuster ändern? Das ist sehr unangenehm und auch unbequem.
Vielfach scheint es bequemer, sich weiterhin auf die Opferrolle zu beschränken. So können Sie erstens Ihr Selbstbild bewahren, sich zweitens um Ihre Mitverantwortung drücken und drittens bequem in Ihrem bisherigen Trott weitermachen. Auch, wenn es unangenehm ist, sich mit einer Opferrolle zu arrangieren, ist dies für viele, die die Energie zur Veränderung nicht aufbringen wollen oder können, durchaus Gewinn bringend.
Oft glauben wir uns im Recht und versteifen uns darauf. Dabei vergeben wir uns nicht viel, wenn wir einen Sachverhalt noch einmal prüfen. Oft steckt weder Misstrauen noch eine Schuldzuweisung dahinter. Auch, wenn es Sie vielleicht enttäuscht, sollten wir zuerst prüfen, ob wir wirklich unfair behandelt wurden oder uns nur unfair behandelt fühlen.

Die (getroffene) Zielperson

Ich möchte noch einmal zu unserem Ausgangspunkt zurückkommen: Opfer sind Menschen in einer echten inneren Schieflage. Zielpersonen dagegen mögen getroffen sein, aber grundsätzlich ist ihr Welt- und Selbstbild in Ordnung. Statt zu grübeln und immer wieder den gleichen inneren Film abzuspulen, beschäftigen sie sich konstruktiv mit der Frage: *„Was kann ich in dieser Situation konkret tun?“.*
Ihnen geht es um eine Problemlösung, die immer dann notwendig wird, wenn wir mit einer Situation konfrontiert werden, mit der wir nicht adäquat umgehen können. Das kann ein Vorwurf sein, eine Beleidigung, ein unvermittelter Themenwechsel, eine unpassende Reaktion (Brüskierung) … aber auch ein innerer Vorgang. Getroffene Zielpersonen suchen meist eine Lösung für ihre zunächst auftretenden typischen Opferreaktionen, die jeder bei einer (unangenehmen) Überraschung gewissermaßen automatisch erlebt.

Wann werden wir manipuliert?

Checkliste – Hinweise auf Manipulation

Manipulationen sind auf den ersten Blick nicht so ohne weiteres zu erkennen.
Wichtig zu klären ist, ob Sie gezielt attackiert werden und der Aggressor damit einen langfristigen Plan verfolgt oder Ihr Gegenüber lediglich aus anderem Anlass explodiert ist oder sich ungeschickt verhalten hat.
Auch sollten Sie für sich klären, wie Sie innerlich mit der Situation umgehen. Empfinden und reagieren Sie im Rahmen eines bestimmten Musters und haben sich damit eine Opferrolle zugewiesen oder können Sie den Sachverhalt objektiv beurteilen und konstruktive Handlungsoptionen wählen?

Folgende Beobachtungen und Empfindungen können Indiktoren für unfaires Verhalten und Manipulation sein:

- Sie fühlen sich in einem Gespräch unwohl.
- Sie sind verwirrt und verunsichert.
- Sie haben den Eindruck, dass Sie Ihren Gesprächspartner nicht verstehen?
- Sie verstehen nicht, was da geschieht?
- Sie fühlen sich ärgerlich, frustriert oder empfinden Schuldgefühle?
- Ihr Gegenüber scheint häufiger die Position und/oder die Ziele zu wechseln.
- Ihr Gesprächspartner hilft Ihnen nicht, ein „gutes“ Gefühl und Klarheit zu gewinnen?
- Ihre Argumentation scheint keine Bedeutung für Ihr Gegenüber zu haben?
- Ihre (Sach-)Argumente werden abgeschwächt, infrage gestellt oder übergangen?

- Ihre Argumentation wird häufig abgeschnitten oder unterbrochen? Oft mit einem Themenwechsel?
- Ihr Gegenüber quittiert Ihre Ausführungen oft mit Abwertung oder sogar Verachtung?
- Ihr Gegenüber nimmt Ihre Argumentation unter Dauerfeuer mit Gegenargumenten oder Fragen und Einwänden?
- Ihr Gegenüber argumentiert sprunghaft, Sie empfinden Lücken oder Wiederholungen, teils sogar Widersprüche in der Argumentation?
- Ihr Gegenüber holt immer wieder neue Einwände und teils abstrus wirkende Gegenargumente aus der Tasche?
- Sie haben den Eindruck, dass es nicht mehr um die Sache selbst geht, sondern dass etwas anderes in der Luft liegt?
- Sie empfinden Widersprüche zwischen Aussage und emotionalem Gehalt?
- Sie erhalten doppeldeutige Botschaften („*Tu, was du willst, aber ich bin dagegen*")?
- Aussagen Ihres Gegenübers sind oft mehrdeutig und beinhalten unterschwellig Warnungen, teils sogar einen drohenden Charakter.

Wie sind solche und ähnliche Eindrücke zu bewerten, wann liegt Unfairness oder gar Manipulation vor?
Nicht, wenn Sie lediglich vereinzelt derartige Beobachtungen machen. Aber wenn Sie nach einem Gespräch hier mehrere oder gar viele Kreuze setzen können, sollten Sie sehr vorsichtig werden und das Gespräch noch einmal sorgfältig analysieren!

Typische Opferreaktionen

Bei jeder Attacke (egal, welcher Art) reagiert die Zielpersonen zunächst mit einer typischen Opferreaktion. Meist verbinden wir mit Unfairness eine Attacke auf uns und geraten gewissermaßen automatisch in eine Opferrolle und fühlen unser Selbstwertgefühl, unsere Kompetenz, unsere Person oder unser Selbstbild betroffen.
Wir können drei typische Verhaltensweisen beobachten:

Schock

Die erste Reaktion ist immer ein Schock. Je nach Person und Situation kann dieser Schockmoment kürzer oder länger dauern. Man fühlt sich benommen, ist denk- und handlungsunfähig und häufig sprachlos.
Nach dem Schock erst reagieren wir in der Regel mit einem der beiden anderen Reaktionsmuster, mit Rückzug (Flucht) oder Kampf (Aggression/(Gegen-)Angriff).

Rückzug

Ein Rückzug liegt vor, wenn die Zielperson (instinktiv) nachgibt, sich entschuldigt, Personen oder Situationen ausweicht.

Kampf

Mit einem Kampf haben wir es zu tun, wenn die Zielperson aufbraust, zurückbrüllt oder Gegenangriffe z.B. Aufrechnungen startet.

Raus aus dem Alarmprogramm hin zur souveränen Reaktion

Hinter diesen Opferreaktionen steckt ein instinktgesteuertes Alarmprogramm (siehe auch Kap. 2.6), das unsere Vorfahren bei Gefahr schützte, indem der Körper Stresshormone ausschüttete, die sie körperlich für Flucht oder Kampf fit machten. Auch heute greift, wie Sie sehen, dieses Alarmprogramm noch und blockiert zunächst einmal unser Denken.

So wahren Sie Ihre Souveränität

- Nutzen Sie den Schock, statt sich darüber zu ärgern. Atmen Sie tief durch (das verbessert die Sauerstoffversorgung). Reagieren Sie nonverbal, schauen Sie Ihr Gegenüber intensiv (nicht böse) an und ziehen die Brauen hoch oder legen den Kopf schräg. Damit fragen Sie zunächst einmal körpersprachlich *„Wie bitte?"*. Sie werden erstaunt sein, wie wirkungsvoll ein so genutzter Schockmoment sein kann.
- Sie wollen etwas sagen? Aber Sie wissen nicht was? Kein Problem. Ein wunderbares Mittel ist der zweisilbige Kommentar, den ich mir von Barbara Berckhan abgeguckt habe: *„So, so"* oder *„Ach, ja"* oder *„potz Blitz"* (den liebe ich besonders). Die Magie des zweisilbigen Kommentars liegt darin, dass er alles und nichts sagen kann. Vor allem aber brauchen Sie bei einem zweisilbigen Kommentar nicht denken, denn in einem Schock ist unsere Denkfähigkeit ja – wie gesagt – eingeschränkt. Machen Sie sich also keine Mühe, indem Sie in diesem Moment nach einer idealen Antwort suchen. Gut, wenn Sie dann immer noch nonverbal studieren.
- Bleiben Sie freundlich und wohlwollend. Das tut Ihnen gut, weil es Ihre innere Gestimmtheit positiv beeinflusst und zugleich irritiert es Ihren Aggressor. Meist erwartet er, dass Sie wütend, sauer … also negativ reagieren. Freundlich, wohlwollend zu reagieren ist verwirrend und bringt ihn aus dem Tritt. Das macht ihm ein Nachsetzen schwerer und dreht auf positive Art den Spieß um.
- Nach einer gewissen Zeit ist Ihre Denkfähigkeit meist wieder hergestellt. Prüfen Sie dann noch einmal, was Ihnen wirklich nutzt. Wollen Sie zurücktreten oder lieber auf der Sachebene weitermachen und Ihre Ziele erreichen? (Das ist dann eine souverän getroffene Entscheidung.)

3.8 Die Folgen unbedachter Reaktionen

Bevor wir kontern und gegebenenfalls verbrannte Erde hinterlassen, sollten wir uns die möglichen Konsequenzen unbedachter Reaktionen vor Augen führen.
Inwiefern sind Art und Intensität einer Beziehung relevant für Ihre Verteidigung? Je nachdem, welche Beziehung zu Ihrem Aggressor besteht, ist Ihr Handlungsrahmen deutlich eingeschränkt. Relevant sind zwei Komponenten:

- Ist Ihnen der Aggressor bekannt oder unbekannt?
- Welcher Ebene oder Hierarchie gehört er an?

Bekannter oder unbekannter Aggressor?
Bekannten, z.B. Freunden und Kollegen gegenüber sind wir im Falle von Aggressionen meist schon intuitiv zurückhaltender als gegenüber Unbekannten. Das ist auch vernünftig, denn fehlende Zurückhaltung kann Freundschaften kosten oder auch die Zusammenarbeit.
In der Praxis gibt es hier nur eine Ausnahme, die Familie. Familienmitglieder behandeln wir zu Unrecht oft sehr ungerecht, vermutlich weil wir davon ausgehen, dass sie uns verstehen oder es uns schon nicht so krumm nehmen werden. Doch mit Menschen, die uns besonders nahe stehen, sollten wir eigentlich auch besonders behutsam umgehen.
Aber – fehlende Zurückhaltung unter Freunden, Bekannten und Kollegen kostet uns auch „Gesicht“. Zwar wirkt es oft so, als gäbe es dieses Konzept des Gesichtwahrens nur in China, aber das stimmt definitiv nicht. Überall machen wir uns ein Bild von Menschen und wir vermitteln ein Bild von uns. Sie finden es versteckt in Bemerkungen wie *„So etwas macht ein Chef nicht“* oder *„Das steht einem Untergebenen nicht zu“* oder auch der „Contenance“, die in alten Zeiten stets erwartet wurde. An dieses Bild knüpfen sich Rollen- und Verhaltenserwartungen unserer Umgebung. Brechen wir mit diesen Erwartungen, beschädigen wir das Bild, das unser Gegenüber von uns hat und zwingen unsere Umgebung zu Korrekturen des Bildes, das sie von uns hat.

Brüche im negativen Sinne, also Ausfälle oder Entgleisungen, führen aber nicht nur zu Korrekturen (die sind ja wertfrei zu betrachten), sondern sie kosten vor allem Vertrauen. Falls jemand zu Ihnen sagt, dass der Partner, Freund etc. heute ein anderer sei als der, den man kennen gelernt hat, dann beschreibt er genau diese Brüche.
Unbekannten gegenüber müssen wir diese Rücksichten nicht nehmen. Zu Unbekannten haben wir eigentlich keine Beziehung, wir können also mit unseren Reaktionen, auch wenn sie „daneben" sind, nichts verlieren.

Ebenen und Hierarchien

Was ist zu Hierarchien zu bedenken? Generell gilt, dass unsere Reaktionsmöglichkeiten nach „unten" größer sind als nach „oben". Ein Vorgesetzter hat mehr Rechte als ein Untergebener. Loben z.B., so der allgemeine Konsens, darf man einen Vorgesetzten nicht. Gespräche werden vom Vorgesetzten beendet und eröffnet. Auch das Recht auf Beurteilung wird Nachgeordneten meist abgesprochen. Bei meinen Seminarteilnehmern beobachte ich auch immer wieder, dass sie sogar auf das Recht auf „angemessene" Behandlung verzichten und das Überschreiten von Grenzen z.B. in Form persönlicher Beleidigungen hinnehmen.
Es gibt aber auch unfaire Strategien, die nur von Vorgesetzten ausgeübt werden können oder höchstens noch von einer Gruppe, z.B. die Hetzjagd. In einer solchen Situation brauchen Sie Abstand, um gewissermaßen aus dem „Hamsterrad" herauszukommen, in dem wir uns dann in der Regel befinden. Ohne diesen Abstand haben wir keine Chance, die Situation und damit die Strategie zu durchschauen.
Für die Frage, wie Sie reagieren sollten, ist dann wichtig, dass Hierarchie keine absolute Freiheit und keine absolute Gehorsamspflicht bedeutet. Doch sich innerhalb von Hierarchien gegen Übergriffe zu wehren, braucht besondere Vorsicht, weil ein Vorgesetzter oder Kollege, der sich von Ihrer Verteidigung attackiert fühlt, viele Möglichkeiten hat, sich zu revanchieren.

Ihre Reaktion sollte also immer auch sicherstellen, dass Sie weiterhin zusammen arbeiten können.

Vergleichbares gilt auch für Auseinandersetzungen unter Gleichen.

Konsequenz für Ihren Umgang mit Unfairness

Innerhalb von Beziehungen gilt ganz besonders: Seien Sie besonders behutsam und bedacht. Bleiben Sie streng auf der sachlichen Ebene. Vermeiden Sie Schuldzuweisungen und verhandeln Sie auf einer technischen Ebene.

3.9 Die Situation beeinflusst Ihre Handlungsmöglichkeiten

Gerade Unfairness und Manipulation sind sehr von dem Kontext abhängig, in welchem sie auftauchen. Welche Situationen sind denn da gemeint? Und inwiefern sind sie für das Thema „Unfairness" relevant?

Prinzipiell lassen sich folgende Situationen herausarbeiten, innerhalb derer es zu Attacken kommen kann:
- Im Vorbeigehen
- Im Gespräch
- In der Diskussion
- In der Rede oder Präsentation
- Öffentlich – nicht öffentlich (ganz grundsätzlich)

Der situative Kontext beeinflusst
- unsere Handlungsmöglichkeiten,
- unsere Getroffenheit,
- die Aufmerksamkeit, die wir dem Ereignis widmen und auch
- die Art der Aggression bzw. Unfairness, der wir begegnen können.

Im Vorbeigehen

Das sind z.B. Situationen mit Unbekannten, auf der Straße, im Geschäft, auf dem Parkplatz …

Nehmen wir an, Sie befinden sich auf der Straße und im Vorbeigehen rempeln Sie und ein anderer Passant sich an. Er fängt an, Sie zu beschimpfen: *„Passen Sie doch auf, wohin Sie gehen …"*. Jetzt könnten Sie ja bei einem Unbekannten mal so richtig vom Leder ziehen … aber seien wir mal ehrlich, ein Rempler im Vorbeigehen ist keinen Aufwand wert, es sei denn, Sie brauchen ohnehin einen Blitzableiter, explodieren also Ihrerseits.

Anders ist es, wenn wir Zuschauer haben. Vor denen wollen wir gerne „etwas darstellen". Wichtig ist also die Frage, ob eine Attacke vor vier oder sechs Augen, also vor Publikum, passiert.

> Wir sind angesichts von Attacken vor Publikum in der Regel wesentlich erregter als „im kleinen Kreis".

Das gilt noch stärker, wenn wir Bekannte dabei haben, Mann, Frau, Freunde … Vor denen möchten wir natürlich unser „Gesicht wahren" und reagieren oft völlig überzogen. Solche Situationen bringen aber eher stereotype Attacken mit sich, Rempler, Raunzer, man solle nicht so schauen … Es handelt sich dabei vielfach um körpersprachliche Attacken (Imponiergehabe, jemandem „auf die Pelle rücken") und Flüche oder Beleidigungen.

Darauf lässt sich relativ einfach reagieren und Sie können wunderbar verschiedene Varianten ausprobieren. Aus Platzgründen sei hier auf entsprechende Veröffentlichungen zum Thema „Schlagfertigkeit" verwiesen. Hier ist Ihr Übungsfeld.

Im Gespräch

Darunter subsummiere ich Gespräche und Unterhaltungen im eher kleinen Kreis mit Verkäufern, Bekannten, Kollegen, Vorgesetzten. Das kann im Büro, im Geschäft oder am Telefon sein und setzt inhaltlichen Austausch voraus.

Im Gespräch können Sie schon mit einer deutlich größeren Palette an Attacken konfrontiert werden. Sie reicht von körpersprachlichen, über rhetorische und dialektische bis hin zu argumentativen Angängen. Da kann verbal und nonverbal agiert werden, aber auch die Gesprächsführung für Attacken benutzt werden, z.B. für die Wasserfallstrategie (siehe Kap. 4.2). Die kann nur sehr bedingt „im Vorbeigehen" eingesetzt werden. Daher werden im Gespräch auch andere Anforderungen an Ihre Verteidigungsbereitschaft gestellt und Sie müssen viel variationsreicher reagieren.
In Gesprächen kann es um Wichtiges gehen und damit auch härter zugehen. Sie können z.B. nicht einfach weggehen und sich der Situation entziehen.
Bereiten Sie sich deshalb auf Gespräche inhaltlich gut vor und stimmen sich positiv ein, das mindert Ihre Empfindlichkeit. Vermeiden Sie außerdem in Gesprächen nach Möglichkeit unnötige harte Reaktionen, besonders wenn Dritte das Gespräch mitbekommen. Hier, aber auch in Diskussionen und Reden, besteht die Gefahr, dass man schnell auf die emotionale Ebene absinkt. Schon Faktoren wie etwa das versehentliche Übersehen von Wortmeldungen können eine Emotionalisierung Einzelner bewirken. Dann wird ein Sacheinwand schon einmal dazu benutzt, um dieses „Gekränktsein" auszugleichen.
Wenn Sie üben wollen, sich gezielt zu verteidigen, dann empfehle ich, dies eher in Gesprächen z.B. mit Verkäufern zu tun. Da können Sie auch eher ein unglücklich verlaufendes Gespräch abbrechen, in der Familie, dem Freundeskreis oder im Beruf dagegen ist das erheblich schwieriger.

In der Diskussion
Hier sind immer mehrere Personen beteiligt. Sie haben also definitiv Publikum und Diskussionen finden meist in einem vertrauteren Rahmen statt: Familie, Freundeskreis, Beruf.
In Diskussionen, ähnlich wie in Reden, sollten Sie immer auch den Publikumseffekt in Bezug auf Ihre Reaktionen mit einbeziehen. Der Aggressor und Sie beurteilen ihre wechsel-

seitigen Aktionen nicht nur gegenseitig und selbst, sondern auch die Umstehenden beurteilen Sie. Sie sollten also nicht nur Ihr Gegenüber im Blick haben, sondern auch, wie Ihr Handeln auf die anderen Diskussionsteilnehmer wirkt. Wie wichtig das ist, zeigt sich in den USA, wo Juristen z.B. speziell lernen, *„die Jury zu lesen"*, um ihre Plädoyers und Befragungen auf die Jury auszurichten.
Deswegen brauchen Diskussionen und Besprechungen nicht nur sachlich eine gute Vorbereitung, sondern auch viel Bedacht, damit Sie nicht kontraproduktiv reagieren.
In Diskussionen gelten, im Vergleich zum Gespräch, verschärfte Anforderungen, denn Sie können hier ja auch noch von mehreren Personen attackiert werden. Also gilt es nicht nur die Körpersprache, die Ausführungen der Beteiligten, sondern auch noch den Gesprächsfluss und die Befindlichkeiten im Blick zu haben. Für Diskussionen ist es besonders wichtig, nicht nur aufmerksam zu sein, sondern auch ein schnell zu reagieren!

In Reden und Präsentationen

Redner und Präsentatoren befinden sich, im Gegensatz zu Teilnehmern an Gesprächen, Besprechungen und Diskussionen noch einmal in einer besonderen Situation.
Sie können relativ leicht vorgeführt werden, da sie vor der Gruppe agieren und nicht in der Gruppe. Zuhörer können außerdem aus der Gruppe heraus handeln und sind damit in einem Schutzraum. Unbewusst spüren das auch die meisten Redner, denn sie fühlen sich angreifbarer und verletzbarer als sonst. Aus diesem Grund empfinden viele Redner schon eine inhaltliche Frage oder eine Verständnisfrage als Angriff und „putzen sie weg". Viele Zuhörer beurteilen das als unangemessene Härte und im schlimmsten Fall solidarisiert sich das Publikum mit dem Zuhöreraggressor.
In Rhetorikseminaren z.B. besteht deshalb eine wichtige Aufgabe rund um Unfairness und Konflikt darin zu zeigen, dass das Opfer eines Übergriffes diesen meist als viel härter empfindet als das „Publikum". Es ist also kein Stereotyp,

wenn ich nach Ansicht des einen oder anderen vielleicht zu oft empfehle, lieber einmal mehr milde zu reagieren als einmal zu früh zuzuschlagen. Vermeiden Sie aus diesem Grunde öffentliche Auseinandersetzungen, bei denen es um Sieg oder Niederlage geht. Selbst wenn Sie sie gewinnen, können Sie sie immer noch verlieren, z.B. wenn Sie „unschön" oder „übertrieben" gekämpft haben.
Als Redner werden Sie aber auch mit teils anderen Strategien attackiert als in Gesprächen. Körpersprachliche Strategien sind auf Zuhörerseite sehr wirkungsvoll: Wenn Sie eine Gruppe vor sich haben, die gähnt, auf die Uhr schaut, dann ist das sehr frustrierend.
Sie können das vermeiden, wenn Sie das Publikum direkt ansprechen, „normal" bleiben, freundlich sind und bei Fragen und Einwänden das Beste annehmen und so auch reagieren.
Falls jemand wirklich unfair ist, lassen Sie ihn zwei-, dreimal gewähren, bis jeder im Publikum gemerkt hat, dass der Aggressor unfair ist. Dann können Sie meist mit allgemeiner Billigung kontern, aber unter Umständen brauchen Sie das auch nicht mehr, weil ein Verteidiger aus dem Publikum das dann schon übernommen hat.

Konsequenz für Ihren Umgang mit Unfairness

Mein Tipp: Vermeiden Sie öffentliche Gefechte und bleiben Sie so sachlich und konstruktiv wie möglich.

3.10 „Good Guy"- und „Bad Guy"-Strategien

In der Regel fallen uns Gemeinheiten, die in „Bad Guy"-Strategien eingebunden sind, sofort und unmittelbar auf.
„Bad Guy"-Strategien werten das Gegenüber ab, beleidigen es, machen es lächerlich und nehmen seine Argumentation auseinander.

Doch mindestens genauso wirksam sind „Good-Guy"-Strategien. Sie sind schwerer zu erkennen, da hier der Aggressor versucht, zu seinem Opfer eine positive Beziehung herzustellen.

Der gute Freund

Freunden etwas abzuschlagen ist schwer. Bekannten und Freunden traut man Unfairness nicht zu oder entschuldigt sie. Bei Freunden hat man eine Beißhemmung und Freundschaften verliert man auch nicht gerne. Daher sind wir bereit, für die Freundschaft auf das eine oder andere zu verzichten. Wir vermischen dabei das Bedürfnis nach Zugehörigkeit mit unserem Recht und unserer Pflicht zur Kontrolle.

Der Helfer

Jemanden zu kritisieren, der sich „so viel Mühe" mit uns gegeben hat, ist doch fast schon unanständig! Das muss doch „belohnt" werden. – Vielleicht kennen Sie das auch, da kauft man etwas oder schließt einen Vertrag ab, weil man sich dem anderen verpflichtet fühlt, obwohl man Produkt oder Dienstleistung gar nicht brauchen kann. Aber – es ist die Entscheidung des anderen bzw. seine Pflicht, Arbeit in Sie zu investieren. Das verpflichtet Sie zu nichts, vor allem nicht dazu, gegen Ihre Interessen zu handeln. Für den Einsatz sind Sie dem anderen gegebenenfalls Dank schuldig, sollten sich aber nicht zu einer Fehlentscheidung genötigt fühlen.

„Die arme Socke"

Bei dieser Strategie appelliert der andere an Ihre Gutherzigkeit oder Ihren Status, Ihre Kompetenz. Er macht sich bewusst klein und hilfsbedürftig. Das veranlasst Sie, ihm Gutes zu tun. Über diese Schiene operieren z.B. die zurzeit bekannten „Pseudo-Enkel". Da geben sich Unbekannte gegenüber Senioren als deren Enkel aus, die sich in einer Notlage befinden und finanzielle Unterstützung brauchen. Um solchen Strategien vorzubeugen, überlegen Sie im Vorhinein, ob Sie sich die Hilfe leisten können und wollen und wie Sie sich gegebenenfalls absichern.

Eine andere Spielart sind Schmeicheleien, die nach dem gleichen Prinzip funktionieren, aber von der Wirkung her wesentlich souveräner sind als Selbstherabsetzungen. Dabei werden Sie für Ihre Sach- und Fachkenntnis, Ihre Intelligenz und andere vorteilhafte Eigenschaften gelobt. Das setzt Ihrem Selbstbild gewissermaßen eine rosarote Brille auf, die Sie viele Unstimmigkeiten übersehen lässt.

Scheinselbstlosigkeit

Auch scheinbare Selbstlosigkeit (*„Nimm du dir das ruhig, ich wollte ohnehin nicht mehr!“)* umgibt das Opfer gewissermaßen mit einem Korsett, wenn auch scheinbar liebevoll. Ähnlich wie im Zusammenhang mit der „Arme-Socke-Strategie“ wird hier ein hoher moralischer Druck aufgebaut. Doch der andere erhöht sich dabei, indem er sich als selbstlos darstellt.

„Good-Guy“-Strategien sind oft viel schwerer zu entdecken als „Bad-Guy“-Strategien, nicht zuletzt deswegen, weil hier die Konsequenzen nicht unmittelbar eintreten müssen, sondern erst dann, wenn der „Good Guy“ von Ihnen etwas fordert, dem Sie sich vor dem Hintergrund seiner geleisteten Guttat oder scheinbaren Hilflosigkeit nur schwer entziehen können.

Konsequenz für Ihren Umgang mit Unfairness

Blicken Sie nicht nur in die eine Richtung und bereiten Sie sich nur auf die „Bad Guys“ vor, sondern rechnen Sie auch mit „Good Guys“. Vor allem aber, lassen Sie sich nicht von Gefühlen beherrschen oder in ein moralisches Dilemma stürzen. Bei all diesen Strategien sollten Sie ganz bewusst geistig Abstand suchen und sich auf Ihre eigenen, durchaus legitimen Interessen konzentrieren.

3.11 Mobbing und Intrigen

Ein Thema, das in unserem Zusammenhang nicht fehlen darf, sind Mobbing und Intrigen. Beide setzen einen speziellen Typ von Aggressor voraus, der viel Zeit und Energie in sein Opfer investiert. Er kann (besonders im Falle von Intrigen) über lange Zeiträume hinweg planen und dabei ausgesprochen differenziert vorgehen.

- Mobbing geht in der Regel von einer Einzelperson aus und setzt immer ein Umfeld voraus, dass das Mobbing auch zulässt. Insbesondere eine Führungskraft, die, sofern sie nicht selbst der Täter ist, hier nicht entsprechend einschreitet. Mobbing ist in den Absichten diffuser angelegt als eine Intrige. Es kann sich an einer persönlichen Abneigung, Konkurrenzneid oder sogar unterschiedlichen Arbeitsstilen entzünden, die dazu führen, dass sich der Aggressor austobt und den Schulterschluss mit Dritten für eine Kampagne sucht.
- Intrigen dagegen sind viel klarer im Ziel und in der Ausführung weniger emotional; in der Regel soll mit dem Zielobjekt etwas Besonderes passieren zum eigenen Vorteil oder zur eigenen Befriedigung des Aggressors.

Das ist übrigens keine wissenschaflliche Unterscheidung, sondern eher eine der Alltagspraxis nachempfundene.

Oft werden bei beiden Varianten die gleichen Methoden angewandt, von Beleidigungen über unterschwellige Angriffe, vorenthaltene Informationen oder fehlende Unterlagen bis hin zu Gerüchten und Unterstellungen, die plötzlich die Runde machen.

Gerade am Anfang sind Mobbing und Intrigen oft schlecht zu erkennen, da schweigt man oder verlässt „ganz zufällig" den Raum, wenn das Opfer erscheint. Diffuses Unbehagen oder Störgefühle weisen darauf hin, dass etwas „im Gange" ist.

Falls Sie diesen Eindruck haben, kann ich Ihnen nur empfehlen, Ihre Umgebung genau zu beobachten und diese Beobachtungen genau zu analysieren. Je früher Sie aktiv werden, desto besser. Versuchen Sie – falls Sie eine Front entdecken – diese aufzubrechen.

Einmal habe ich ein solches Anfangsstadium erlebt. Die Mitarbeiterinnen eines Unternehmens saßen in der Pause und eine ließ sich über eine nicht anwesende Kollegin aus, die in ihren Reaktionen etwas verlangsamt war. Schon fand sich die erste Kollegin, die sich dieser Meinung anschloss und innerhalb von Minuten lästerte die Mehrzahl der Gruppe über die abwesende Kollegin. Deren Schicksal schien schon besiegelt: *„Mit der kann man nicht zusammen arbeiten!"* Da plötzlich meinte eine der beiden Meinungsbildnerinnen der Gruppe: *„Ach, wirklich? Ich habe damit keine Probleme, sie ist umgänglich und zuverlässig und mit allem anderen kann ich mich arrangieren. Dann arbeite ich mit ihr zusammen."* Es war aufschlussreich zu beobachten, wie sich in kürzester Zeit die Meinung einhellig änderte und plötzlich nach Positivem gesucht wurde.

Am Anfang ist es beim Mobbing meist noch leicht, die Geschehnisse einzudämmen, hat sich die Situation jedoch erst einmal verfestigt, wird alles wesentlich schwerer. Günstig kann es auch sein, den Initiator indirekt anzusprechen.
Sie sollten allerdings nicht mit empfundenen Eindrücken ein Gespräch suchen, sondern schon Zahlen, Daten und Fakten präsentieren können.
Gut ist es übrigens, wenn Sie dem anderen eine Hintertür offenlassen, sodass er sich zurückziehen kann.
Und schließlich, wenn Sie die Strategien des Aggressors analysiert haben, sorgen Sie vor, entwickeln Sie Gegenstrategien. So wirken Sie dann stärker und das verschafft Ihnen eine bessere Ausgangslage.
Echte Intrigen in den Griff zu bekommen ist normalerweise aufwändiger, weil sie viel schwerer zu erkennen sind. Da hilft es meist nur, den Drahtzieher und Aggressor, wenn Sie ihn denn tatsächlich identifizieren können, zu enttarnen oder selbst schachmatt zu setzen.

Auf den Punkt gebracht

- Reagieren Sie eher einmal zu milde als einmal zu hart.
- Reagieren Sie auf Übergriffe nicht blindwütig, sondern angemessen.
- Bevor Sie spontan auf Übergriffe reagieren, sollten Sie sich die Natur der Attacke und das mögliche Motiv des Aggressors genauer anschauen.
- Entscheiden Sie nach einer solchen Prüfung, ob wirklich eine Reaktion notwendig ist.
- Um angemessen und nachhaltig reagieren zu können, versuchen Sie insbesondere die Motive des Aggressors einschätzen, denn nur dann finden Sie zu Reaktionen, die Ihren Aggressor seinerseits zu Verhaltensänderungen zwingen.
- Wenn Sie das Verhalten des Aggressors ändern wollen, müssen Sie zuerst ihr eigenes Handeln verändern.
- Achten Sie nicht nur auf offensichtlich unfaire Strategien, sondern gerade auch auf Strategien, die Sie „einlullen" und so gewissermaßen eine „Beißhemmung" erzeugen.

4 Methoden und Strategien der unfairen Dialektik

Gefahr erkannt – Gefahr gebannt

In diesem Kapitel möchte ich Ihnen bestimmte Grundmuster unfairer Dialektik vorstellen, deren Kenntnis Ihnen dazu verhilft, in kritischen Situationen souverän zu agieren.

4.1 Die Methoden der unfairen Dialektik

Von welchen unfairen Methoden lassen wir uns „einnebeln"? Diese möchte ich Ihnen zunächst vorstellen.

„Der Ton macht die Musik" – Nonverbale Strategien

Die einfachsten und zugleich wirkungsvollsten Methoden, mit denen man sein Gegenüber aus dem Gleichgewicht bringen kann, sind die nonverbalen Methoden. Sie sind ausgesprochen wirkungsvoll,

- weil sie ganz nebenbei wirken und oft gar nicht bewusst wahrgenommen werden,
- auch nach bewusster Wahrnehmung weiterwirken und
- schlecht angesprochen werden können, weil sie so verschieden und nur kontextbezogen interpretierbar sind.

Das körpersprachliche Instrumentarium	
Haltung	Grundhaltung im Stehen oder Sitzen, aber auch Verletzung von Distanzzonen
Mimik	Ihr Gesichtsausdruck

Gestik	Alle Bewegungen, die Sie mit den Händen beschreiben/machen.
Blickkontakt	Nehmen Sie Kontakt zum anderen mit den Augen auf und wie?
Stimmführung	Stimmlage, Tonfall, Sprechgeschwindigkeit …

- Durch Ihre gesamte Körperhaltung können Sie sich jemandem annähern oder ihm „auf die Pelle rücken". Sie können sich zurücklehnen oder distanzieren.
  - Man wendet sich (von Ihnen) ab
  - Jemand verletzt Ihre köperliche Distanzzone
- Beliebt, um Druck zu erzeugen, sind auch bestimmte Gesten wie das Trommeln mit den Fingern oder Männchen malen. Wenn Sie im richtigen Moment Ihre Fingernägel mustern, erklären Sie etwas für gegenstandslos.
  - Die Hände zu Fäusten ballen
  - Mit geöffneten Handflächen etwas offen legen
- Besonders wirksam sind mimische Mittel, z.B. das Hochziehen der Augenbrauen, das vielen sofort Skepsis und Unglauben suggeriert. Ertappen Sie sich in einem solchen Fall bei Rechtfertigungen, dann hat die Taktik funktioniert. Ein abfälliges Lächeln wirkt ähnlich stark als Auslöser.
  - Die Stirn runzeln
  - Das Kinn trotzig vorrecken
- Der vielleicht stärkste körpersprachliche Kanal ist – neben der Stimmführung – der Blickkontakt. Nicht umsonst „kann man mit Blicken töten".
  - Jemanden kalt mustern
  - Niederstarren
  - Jemanden keines Blickes würdigen
- Die Stimme kann ähnlich heftige Effekte auslösen. Ironie, Skepsis, Zweifel etc., das alles kann als leiser Unterton unterstützt von einer entsprechenden Mimik jede

Argumentation in Zweifel ziehen. Ironie insbesondere lebt von der Betonung.

- Böse Zischen
- Drohend formulieren

Körpersprache wirkt nebenbei und damit unterbewusst

Die Körpersprache steht in der Regel nicht im Fokus unserer Aufmerksamkeit, diese richten wir meist auf den Inhalt eines Gespräches oder die Aussage unserer Gesprächspartner. Sie wirkt wie die Musik in einem Film, die aus Bildern erst eine spannungsgeladene Geschichte macht. Aber – auch in einem Film merken viele erst, wenn die Musik fehlt, welch tragende Bedeutung sie hat.

Stellen Sie sich vor, Sie sitzen im Restaurant einem Kollegen gemütlich gegenüber. Zu unseren unausgesprochenen Regeln gehört, die Distanzzone des anderen zu respektieren, üblicherweise eine imaginäre Linie, die den Tisch in zwei gleiche Hälften teilt, Ihre und die Ihres Gegenübers. Wenn Sie nun sachte Ihre Besitztümer, z.B. das Handy, die Zigarettenschachtel, über die Mitte hinweg schieben und so Ihr Territorium ausdehnen, werden Sie meist feststellen können, wie Ihr Gegenüber leicht nervös wird. Vielleicht beobachtet es Ihr Tun aufmerksam, schiebt die „Eindringlinge“ zurück über die Grenze oder verändert seine Stimmlage? Dann zeigen Ihre körpersprachlichen Signale Wirkung.

Solche Reaktionen stellen sich unabhängig vom Inhalt der Kommunikation ein. Auch wenn dieser wichtig ist, richtet sich unsere Aufmerksamkeit in solchen Fällen auf die Störung. Deshalb sagen Kommunikationsforscher auch, dass Störungen Vorrang haben. Sie müssen abgestellt werden, damit der Mensch wieder denkfähig wird.

Konsequenz für Ihren Umgang mit Unfairness

Achten Sie bei aufkommenden Störgefühlen auf die Körpersprache. Oft liegt hier die Quelle Ihres Unbehagens.

Auch wahrgenommen wirkt Körpersprache weiter!

Das ist ein zweites wichtiges Charakteristikum der Körpersprache. Stellen Sie sich ein Gespräch vor, in dem z.B. Ihr Kunde (ungeduldig) mit den Fingern trommelt. Sie haben das registriert, also bewusst zur Kenntnis genommen und sind trotzdem nervös und gehetzt. Das zeigt, körpersprachliche Methoden wirken auch, nachdem wir sie wahrgenommen haben. Das macht einen Großteil ihrer Macht aus.

Dahinter steckt meist ein ganz besonderer Mechanismus, wir interpretieren die Mitteilung eines anderen und reagieren dann nicht mehr auf seine Information, sondern auf unsere Interpretation: *„Du trommelst mit den Fingern. Du bist ungeduldig. Meine Aussage ist nicht interessant, du willst es schnell hinter dir haben."* Also werden viele nervös und suchen möglichst das Weite. Aber vielleicht haben Sie die körpersprachliche Botschaft völlig falsch interpretiert? Vielleicht handelt es sich um eine persönliche Macke? Also interpretieren Sie nicht, sondern fragen Sie ganz konkret: *„Sie trommeln mit den Fingern, stimmt etwas nicht?"* Dann kann der andere Stellung dazu nehmen.

„Ich merke, dass du auf den Tisch trommelst."

„Du bezweifelst meine Aussage."

Ich verteidige mich.

Interpretationsmechnismen von Körpersprache

Konsequenz für Ihren Umgang mit Unfairness

Interpretieren Sie möglichst nichts in den anderen hinein. Wenn Ihnen das schwerfällt, fragen Sie nach.

Körpersprache ist oft sehr schwer anzugreifen
Einander völlig entgegengesetzte körpersprachliche Signale bewegen sich oft zwischen ganz geringen Nuancen:

- anlächeln belächeln
- prüfen mustern
- anschauen herabschauen

Wo will man da die Grenze ziehen? Viel ist da eine Frage der Interpretation und wenn Sie solche subjektiven Deutungen Dritten gegenüber thematisieren, und Rat suchen, erleben Sie vermutlich oft, dass der Gesprächspartner irritiert reagiert. Er hat nichts wahrgenommen, obwohl bei Ihnen schon alle Alarmglocken schrillen. Daher können Sie sich gegen dieses Instrumentarium vielfach nur mit innerer Distanz und viel Gelassenheit wehren.

Sonstige nonverbale Instrumente
Nicht körpersprachlich, wohl aber nonverbal können Sie auch mit folgenden Elementen arbeiten:

- Kleidung
- Accessoires (Stifte, Taschen, Timer ...)
- Raumgestaltung

Mit Ihrer Kleidung können Sie signalisieren, ob Sie dazu gehören oder sich von ihrem Gegenüber distanzieren. Der Arztkittel oder die Polizeiuniform signalisieren die Zugehörigkeit zu einer Gruppe und funktionieren wie ein Ausweis. Aus diesem Grunde wird mit einer ganz andersartigen Kleidung auch gerne Protest ausgedrückt.
Während Kleidung sowohl Zugehörigkeit als auch Distanz ausdrücken können, verstärken (beruflich bedingte) Accessoires den Status. Wer einen Füller statt eines Kugelschreibers benutzt, einen edlen Timer benutzt oder eine hochwertige Aktentasche trägt, signalisiert damit (möglichst unauffällig) zu welcher „Liga" er gehört. Beeindrucken ist hier oft das Ziel.
Beeindrucken soll in der Regel auch die Raumgestaltung. Große Räume und die Einrichtung werden oft nach hierarchischen Standards definiert. Je größer, desto imposanter,

das gilt sowohl für Räume als auch für Schreibtische und auch die Größe und Ausstattung des Stuhles kann Bände sprechen. Entsprechende Attribute sollen Sie in der Regel beeindrucken und in eine bestimmte Grundstimmung bringen, meist kleiner machen.
Körpersprachliche Signale begleiten Informationen und werden verstärkt und eindeutig, indem sie über mehrere Kanäle „gesendet" werden.

Die wichtigsten unfairen rhetorisch-dialektischen Methoden

Rhetorik ist die Kunst des geschickten Umgangs mit dem Wort. Üblicherweise – wenn wir mit Menschen reden – geht es darum, Informationen zu vermitteln, und zwar so, dass der andere sie gut aufnehmen, verstehen und behalten kann. Jemand, der unfair handelt, wird gegen diese Grundprinzipien verstoßen. Wie kann er das mit rhetorischen Mitteln erreichen?
Er kann die vermittelten bzw. präsentierten Informationen schwer verständlich gestalten, Durchblick verhindern und so arbeiten, dass Ihr Gedächtnis nicht unterstützt ist. Das schränkt Ihre Handlungs- und Entscheidungsfreiheit ein. Wie wollen Sie sich gegen etwas wehren, das Sie nicht verstehen? Etwas nicht zu verstehen löst oft Ängste aus, man könnte sich ja blamieren oder als dumm und ungebildet gelten. Viele lassen sich ja auch statt von der Qualität von der Quantität beeindrucken. Und wenn Sie nicht genau rekonstruieren können, was gesagt wurde, können Sie den anderen auch nur schwer widerlegen.
Zu den unfairen rhetorischen Methoden gehören folgende.

Überfülle an Argumenten

Dabei erschlägt der Aggressor seinen Gesprächspartner mit Masse. In einem solchen Informationsstrom verstecken sich dann gerne Widersprüche und kontraproduktive Argumente! Und der Zuhörer merkt es nicht! In der Praxis schal-

ten viele in solchen Situationen auf die Bewertungsschiene *„Viel hilft viel"*. Damit ist diese Strategie erfolgreich.
Und wie können Sie sich dagegen wehren? Alle zwei bis drei Argumente sollten Sie Ihren Partner unterbrechen und dann zusammenfassen, was er gesagt hat. So steigern Sie die Wahrscheinlichkeit, dass Sie verstehen und behalten, was Sie gehört haben und nur so können Sie die präsentierten Argumente beurteilen.

Sprunghafte Gliederung
Eine Gliederung, die logisch und stringent ist, ist nachvollziehbar. Wenn Ihr Gesprächspartner Sie beeinflussen und verwirren will, wird er sich also nicht an eine klare Gliederung seiner Argumente halten, sondern versuchen, Sie am Verfolgen des roten Fadens zu hindern. Zu dieser Strategie gehört es auch, unklare Arbeitsaufträge zu delegieren. Ein Aggressor hat damit oft Erfolg, weil viele sich scheuen zuzugeben, dass sie nicht folgen können, auf instinktive Reaktionen zurückschalten und letztlich dem zustimmen, was sie nicht nachvollzogen haben.
Was können Sie tun? Unterbrechen und nachfragen, um Zusammenhänge, Beispiele und Erklärungen bitten.

Lange Gesprächsbeiträge und Monologe
Hier wird die Urteilsfähigkeit des Zuhörers durch die Länge des Beitrags und die Wortgewalt buchstäblich erstickt. Politikern sagt man häufig nach, sie würden mit vielen Worten nichts sagen. Das ist eine Form diesen Prinzips. Auch hier wirkt sich die Tatsache aus, dass die Konzentrationsfähigkeit des Menschen eher kurz ist und dass Zuhören eine sehr anstrengende und zugleich unterschätzte Tätigkeit ist. Machen Sie sich also Notizen, auf deren Basis Sie nach dem Wortschwall gegebenenfalls gezielt nachfragen können.

Ein hohes Gesprächs- und Redetempo
Ergänzt werden die oben genannten Strategien meist durch ein hohes Gesprächs- oder Redetempo. Auch eine höhere

Sprechgeschwindigkeit erschwert das Mit- und Nachdenken. Hohes Tempo bedeutet, dass ich schneller denken muss, als der andere redet.
Sie können solch eine Strategie nur durchbrechen, wenn Sie das Tempo durch Unterbrechungen, Fragen oder Zusammenfassungen drosseln und den anderen in seinem Schwung dämpfen.

Wenig Pausen
In der Rhetorik gelten Pausen als eine wertvolle Hilfe für den Zuhörer. Viele denken ja, eine Pause zu machen, wäre ein Zeichen von Schwäche, aber Pausen sind Gelegenheiten, sich etwas geistig „setzen zu lassen“, Zeiten zum Nach- und Mitdenken. Kein Wunder also, dass jemand, der Sie austricksen will, Pausen vermeidet und gleich Entscheidungen einfordert. Zu Ihrer Verteidigung fordern Sie am besten ganz konkret Pausen ein.

Imposante und schwer verständliche Wortwahl
Ein Wort, das wir nicht kennen bzw. verstehen, löst oftmals ein Gefühl von Unzulänglichkeit aus und man fühlt sich dumm und ungebildet. Also fragen wir nicht nach und tun so, als wüssten wir Bescheid oder stimmen einer Sache zu, weil wir mit einer Zustimmung vermeiden, inhaltlich Stellung nehmen zu müssen. So werden wir nicht „entlarvt“ und schützen unser Image.
Gleichzeitig kann Fachvokabular aber auch den Eindruck von Kompetenz unterstützen und so die Ausführungen aufwerten. Wir ersetzen in dem Fall dann legitimes Nachprüfen durch Glauben oder beeindruckt sein.
Verteidigen Sie Ihre Interessen, indem Sie nachfragen und um Erklärungen bitten.

Eine abstrakte, allgemeine Sprache
Diese Strategie geht gerne mit langen Sätzen einher. In der Politik wird sie gerne zum Selbstschutz eingesetzt, sich nur ja nicht auf eine konkrete Sachaussage festlegen zu lassen.

Konkret und Konkretes zu formulieren ist gefährlich, weil es messbar, planbar und bewertbar ist. Deshalb ist eine allgemeine, abstrakte Sprachweise so hilfreich, um zu beeinflussen. Sie bildet eine Projektionsfläche für alles, was der Partner hören will. Der Sprecher selber aber kann sich stets auf die Position zurückziehen: *„Das habe ich nie gesagt“.* So wird man unangreifbar.
Begegnen Sie dieser Strategie, indem Sie nach konkreter Umsetzung fragen, Beispiele verlangen: *„Wie sieht das in der Praxis aus?“ „Lassen Sie uns das mal konkret durchspielen.“*

Die wichtigsten unfairen dialektischen Vorgehensweisen

In Rede und Gegenrede, also Gespräch und Diskussion, bietet sich aber auch eine Reihe weiterer Möglichkeiten, unfair zu agieren.
Bei vielen geht es darum, Ihren Gedanken- und Gesprächsfluss zu unterbrechen und zu unterminieren. So können Sie Ihre Gedanken meist nicht durch- bzw. zu Ende denken und durchgängig präsentieren. Das schwächt die Wirkung Ihrer Beiträge und Sie können so gegnerische Schwächen auch nicht (wirksam) aufdecken.
Zu den gängigsten Methoden gehören die folgenden.

Unterbrechen

Insbesondere Menschen, die von ihrer Meinung überzeugt sind, unterbrechen andere gerne. Dahinter steckt die Bewertung, *„Ich habe viel Gewichtigeres zu sagen“* oder der Versuch, die Einwände wegzuwischen. Das ist eher selten böse Absicht, vielmehr unterliegt jeder von uns der Verführung, die eigene Sicht für wichtiger zu halten als die gegnerische. Daher versuchen wir unserer Position mehr Raum und Zeit zu verschaffen und wenn man dazu den Partner unterbrechen muss, nimmt man das eben in Kauf.
Dahinter kann aber auch System stecken, z.B. wenn die Unterbrechungen sehr schnell erfolgen und man Sie gezielt

nicht mehr zum Reden kommen lassen will. Wieso wirkt diese Strategie? Nun, mein Redebeitrag ist ich und ich bin mein Redebeitrag. So gesehen ist eine Unterbrechung immer eine Art Schlag, ein Abschneiden der eigenen Person und der eigenen Bedeutung. Eine Unterbrechung nimmt mir meine Bedeutung und signalisiert, ich bin es nicht wert, gehört zu werden. Kein Wunder, dass wir, gerade wenn das häufiger passiert, mit Rückzug oder Aggression reagieren und uns gegen diese Begleitbotschaft wehren.
Oft werden auch zwei Strategien kombiniert, nämlich die Unterbrechungs- mit der Fragetechnik.

Fragen, Fragen, Fragen

„Wer fragt führt", heißt es in der Rhetorik. Fragen sind eine wirksame Methode, um Menschen zum Reden zu bringen, sie können aber auch zur Waffe werden. Wie das? Fragen laden zum Reden ein. Je mehr ein Mensch redet, desto mehr Informationen erhält man, desto mehr kann er sich in Widersprüche verwickeln, bei denen dann entsprechend nachgehakt wird, um ihn in ein schlechtes Licht zu setzen.
Eine andere Möglichkeit, Fragen zur Waffe zu machen, besteht darin, Fragensalven abzuschießen. Konfrontiert mit einem Hagel von Fragen, wissen viele nicht, auf welche sie antworten sollen. Besonders übel wirken sich kurze Fragen aus, bei denen Sie keine Zeit zum Nachdenken haben. Ähnlich wirkungsvoll ist auch, Antworten zu fordern und kaum, dass Sie antworten, mit der nächsten Frage zu unterbrechen. Dann kommen Sie gar nicht mehr zum Antworten. Häufig behauptet Ihr Gegner dann auch noch, Sie hätten ja keine Antworten. Da dieses Spiel in der Regel sehr rasant verläuft, bleibt Ihnen kaum Zeit, die Strategie zu erkennen. Sie merken bloß, dass etwas nicht stimmt und fühlen sich hilflos.
Das Überhören von Fragen ist eine wunderbare Gegenstrategie auf den Fragenhagel, aber gleichzeitig auch eine wirkungsvolle unfaire Strategie. Was einem Aggressor nicht in „den Kram" passt, wird überhört. Auch hier sind die Grenzen fließend, denn im Eifer des Gefechts, z.B. einer inten-

siven Diskussion kann das ja schnell passieren. Sie haben dann selbstverständlich das Recht, Ihre Frage noch einmal zu stellen oder darauf hinzuweisen, dass sie nicht beantwortet wurde.
Noch eine Strategie will ich hier nennen, die Suggestivfragen. Suggestivfragen legen uns eine Antwort nahe, sie schubsen uns – übertragen gesprochen – in eine bestimmte Richtung. Das kann z.B. in Form von Alternativfragen geschehen: *„Möchten Sie eine mittlere oder große Packung?“* fragt die Verkäuferin und prompt kaufen Sie ein großes Gebinde und übersehen, dass Sie eigentlich nur ein kleines brauchen.
Suggestivfragen klingen oft moralisch, teils sogar drohend: *„Sie wollen doch wohl nicht dem Wettbewerb in die Arme spielen?“* Der Anwurf erschreckt uns und schon haben wir etwas zugestimmt, ohne eigentlich überlegt zu haben. Wer möchte schon die Konkurrenz unterstützen?

Paraphrasieren

Eine beliebte Technik ist das Paraphrasieren. Die positive Variante heißt Aktives Zuhören. Dabei geben Sie Mitteilungen eines Gesprächspartners in eigenen Worten wieder und dieser kann Ihnen dann mitteilen, ob Sie ihn richtig verstanden haben oder – falls nicht – kann er Sie korrigieren.
Durch Paraphrasieren können Sie dem anderen aber auch Aussagen in den Mund legen. Mit dieser Methode provozieren Sie Ihr Gegenüber und bringen es aus der Fassung. Geschickt eingesetzt, ist es dann permanent damit beschäftigt, sich zu rechtfertigen und wird daran gehindert, die eigenen Interessen zu verfolgen.

Ignorieren

Auch hier sind – letztlich wie bei allen vorgestellten Strategien und Verfahrensweisen – die Grenzen zwischen einem unabsichtlichen Verhalten und einer gezielten Aggression fließend. Im Eifer des Gefechtes überhören wir gerne nicht nur Fragen, sondern auch Argumente, Einwände und Zweifel. Die Grenze ist da zu ziehen, wo es eben kein Überhören mehr ist, sondern ein bewusstes Ignorieren, um die eine eigene Linie durchzuziehen.

Konsequenz für Ihren Umgang mit Unfairness

Wenn Sie mit diesen Strategien zu tun haben, reicht es oft nicht, zu widersprechen, richtigzustellen oder die Strategie aufzudecken.

Sie müssen den Schwung des anderen unterbrechen, um ihm buchstäblich den Wind aus den Segeln zu nehmen. Werden Sie bewusst langsam, verändern Sie Ihre Haltung, die Stimmlage, sprechen Sie besonders nachdrücklich. Es muss eine Zäsur deutlich werden, damit der andere und mögliche Zuschauer Ihre Verteidigung nicht mit einer Rechtfertigung verwechseln.

4.2 Die wichtigsten unfairen Strategien und Verteidigungsstrategien im Gespräch von A bis Z

Welche Strategien könnten im Gespräch oder einer Diskussion gegen Sie angewandt werden? Und was können Sie dagegen tun? Hier ausgewählte Strategien von A bis Z.

Ausweich- und Hinhaltetaktik

- *„So hätten Sie argumentieren müssen!"*
- *„Fahren Sie morgen nach Berlin?" – „Nein, ich fliege."*
- *„Das betrifft nur einen Aspekt, viel wichtiger ist doch die Frage …"*
- *„Seien Sie doch nicht so emotional."*
- *„Bitte hör auf, mir Vorwürfe zu machen."*
- *„Hättest du ernsthaft diskutieren wollen, hättest du …"*

Funktion:
Ihr Gegenüber geht nicht auf Ihre Argumente ein, sondern versucht Zeit zu schinden und Ihre Argumentation zu torpedieren, indem es Fragen stellt, Einwände macht, Nebensächlichkeiten thematisiert, Sie emotionalisiert etc.

Wirkung:
Ablenken, auf ein Nebengleis locken, verwirren

Gegenstrategie:
Bleiben Sie sachlich und lassen Sie sich nicht ablenken. Kommen Sie zum Kern zurück, um den es Ihnen geht. Gegebenenfalls können Sie auch auf die Strategie hinweisen und die dahinterliegende Absicht thematisieren.

Autoritäts-, Zitations- und Umwertungstaktik

- *„Das unabhängige XY-Institut hat auch festgestellt, …"*
- *Selbst anerkannte Autoritäten wie Prof. Dr. Z vertreten die Ansicht, dass …"*
- *„Die jüngsten Zahlen des Statistischen Instituts XY sind hier völlig eindeutig …"*
- *„Bei allen einschlägigen Untersuchungen zeigt sich …"*
- *„Berechnungen weisen aus, dass …"*

Funktion:
Aufwertung der eigenen Position durch den Verweis auf Untersuchungen, Institutionen, Statistiken, Zahlen oder auch Referenz auf Persönlichkeiten und Fachkapazitäten.

Wirkung:
Fremdes Renommee vergoldet sozusagen die eigene Position. Gerade durch den Verweis auf Statistiken und Studien vermittelt man das Gefühl absoluter Beweise.

Gegenstrategie:
Stellen Sie die Untersuchungen infrage: Inwiefern hat die Studie oder die zitierte Person besonderen Ausagewert im Hinblick auf das Thema? Hinterfragen Sie die Autorität oder verkleinern bzw. isolieren Sie die gegnerischen Thesen. Sie können auch Gegenbeweise und Gegenuntersuchungen anführen und so den gegnerischen Behauptungen ein Gegengewicht entgegenbringen.

Behaupten

- *„Was Friseure können, können nur Friseure."*
- *„Es ist doch allgemein bekannt, dass …"*
- *„Es kann keinen Zweifel geben, dass …"*
- *„Unbestritten ist …"*
- *„Der Fall ist doch völlig klar, …"*

Funktion:
Ihr Gesprächspartner „verkauft" seine Meinung als Tatsache oder als Argument. Es fehlen aber Belege, stattdessen wird gern mit Suggestionen gearbeitet.

Wirkung:
Suggestive Wirkung durch den Bezug auf angeblich objektive Tatbestände und Sachverhalte, die per se nicht hinterfragbar sind.

Gegenstrategie:
Fragen Sie nach Zahlen, Daten, Fakten… Fragen Sie nach den Begründungen, je konkreter desto besser im Regelfall. Achten Sie auf Suggestivformeln, Pauschalismen und Verallgemeinerungen… ziehen Sie diese in Zweifel.
Im Zweifelsfall übergehen Sie solche Argumente, wenn Sie etwas nicht widerlegen können.

Bestreiten von Tatsachen

- *„Ihre Angaben stimmen nicht."*
- *„Ich habe da gerade andere Quellen gesehen."*
- *„Das ist doch schon lange widerlegt."*
- *„Sie haben nicht endlich eine saubere Untersuchung anzubieten?"*

Funktion:
Ihr Gegenüber bestreitet ganz einfach die Fakten und Tatsachen, die Sie präsentieren, oft ein Bluff, weil keine Beweise vorgelegt werden.

Wirkung:
Verwirrung und oft auch Sprachlosigkeit werden ausgelöst. Häufig sehr emotionalisierend, weil man damit nicht rechnet. Das Bedürfnis nach Rechtfertigung wird ausgelöst.

Gegenstrategie:
Fordern Sie konkrete Angaben, in welchem Punkt Ihr Gegenüber widerspricht, ggf. sogar Beweise, wie er dazu kommt. Prüfen Sie vorgelegte Begründungen und Beweise auf Fehler, Lücken ... Sie können auch die Strategie aufdecken, insbesondere, wenn sie häufiger angewandt wird. Im Zweifelsfall sollten Sie ruhig und gelassen auf Ihrer Meinung beharren, dabei aber auf eine sicher wirkende Körpersprache achten.

Bocksprung-Technik

- Willkürliche, zufällige Gliederung
- Logische und thematische Sprünge
- Vermischungen

- Wiederholungen
- Rückbezüge und Vorgriffe
- Sprünge zwischen unterschiedlichen Ebenen und Gesichtspunkten

Funktion:
Verwirrung stiften und überlasten durch Sprünge, Vor- und Rückgriffe, Themenwechsel, Wechsel zwischen Abstraktion und Beispielen.

Wirkung:
Zuhörerstress, denn die Sprünge und Ebenenwechsel verwirren den Gesprächspartner und überlasten ihn.
Viele schalten auf instinktive Reaktionen zurück und stimmen tendenziell eher zu.

Gegenstrategie:
Verringern Sie das Gesprächstempo, damit Sie besser mitdenken und die gegnerische Argumentation besser nachhalten können. Hinterfragen Sie das Gesagte und bitten Sie um Wiederholungen. Nur so können Sie Schwächen und logische Brüche aufdecken. Fassen Sie Gesprächsteile immer wieder zusammen, hilfreich sind oft auch Notizen und ggf. Skizzen. So können Sie die gegnerische Argumentation ernsthaft prüfen und angreifen. Denken Sie die präsentierten Argumente und Beispiele durch und setzen Sie sie zueinander in Beziehung.

Emotionalisieren und Provozieren

- *„Sind Sie etwa eine Emanze?"*
- *„Wollen Sie denn Mord legalisieren?"*
- *„Sie lassen sich diese Ungeheuerlichkeit gefallen?"*

Funktion:
Die erste und wichtigste unfaire Strategie ist das Emotionalisieren. Dabei versucht Ihr Gesprächspartner auf irgend eine Weise, Sie „auf die Palme“ zu bringen. Er kann z.B. die Diskussion von der sachlichen auf eine emotionale Ebene verlegen oder auch auf eine moralische Ebene. Oft werden auch moralische Urteile eingefordert.

Wirkung:
Sie denken mit dem Bauch, nicht mit dem Verstand, sind gewissermaßen benebelt. Sie verlieren Ihre Ziele aus den Augen und lassen sich unter Umständen auf „Nebenkriegsschauplätze“ locken, die nichts mit dem Thema oder Ihrem Ziel zu tun haben.

Gegenstrategie:
Versachlichen Sie die Diskussion und lassen Sie sich gerade nicht emotionalisieren. Konzentrieren Sie sich auf Fakten, Daten, nehmen Sie Gefühle raus. Günstig ist es oftmals auch, unerwartet zu reagieren, z.B. besonders liebevoll zustimmen: weich in der Form, klar in der Sache.

Fragen-Salve

- Mehrere Fragen hintereinander stellen
- Antworten mit Zwischenfragen unterbrechen
- Überhören von Antworten
- Details hinterfragen
- Suggestivfragen stellen
- Zum Reden einladen

Funktion:
Das Gegenüber zwar zum Reden motivieren, die Antworten aber nicht schätzen bzw. auf Lücken und Widersprüche ab-

klopfen. Überfordern und zwischen Offenheit und Inquisition pendeln.

Wirkung:
Verwirren, unter Druck setzen und verunsichern durch Fragen, die sich nicht beantworten lassen. Die ständige Unterbrechung der Argumentation des Gegenübers durch Fragen wertet dieses ab und unterminiert sein Selbstvertrauen.

Gegenstrategie:
Unterbrechen Sie die Salve, indem Sie einfach nicht mehr antworten. Nehmen Sie Blickkontakt mit dem Aggressor auf. Zeigen Sie so, dass Sie die Strategie erkannt und durchschaut haben. Bleiben Sie freundlich und hinterfragen Sie den Sinn. Sie können z.B. eine Liste aller Gegenargumente und relevanten Fragen erstellen. Der andere will ja keine Antworten, sondern Sie unter Druck setzen. Thematisieren Sie seine mögliche Motivation dazu.

Hypothetische Annahmen und Fragen

- *„Wenn alle das forderten ...“*
- *„Wenn jeder so handelte ...“*
- *„Wenn wir jeden Einzelfall prüfen würden ...“*
- *„Stellen Sie einmal vor, jeder ...“*

Funktion:
Ihr Gegenüber verallgemeinert unzulässig Einzelfälle oder stellt einen Einzelfall als einen ernst zu nehmenden Durchschnittsfall dar und führt so Ihre Thesen ad absurdum.

Wirkung:
Ihr Gesprächspartner versucht Ihre Argumente zu schwächen, indem er hypothetische Fragen oder Beispiele dagegen

anführt und diese dann meist auch noch als Regelfall darstellt.

Gegenstrategie:
Bleiben Sie bei den Realitäten und prüfen Sie den Realitätsbezug der Hypothesen. Die angeführten hypothetischen Fälle sind meist extreme Ausnahmen. Heben Sie das hervor und laden Sie ein, sich doch erst einmal auf das Realistische zu konzentrieren, dann können Sie diplomatisch zum Kern zurückkehren.

Ignorieren

Überhören von
- Fragen
- Antworten
- Argumenten
- Einwürfen und Einwänden
- Zweifeln
- Bemerkungen und Beleidigungen …

Funktion:
Im Eifer des Gefechts überhören wir gerne nicht nur Fragen, sondern auch Argumente, Einwände und Zweifel. Eine Grenze ist da, wo es eben kein Überhören mehr ist, sondern ein Ignorieren, um die eigene Linie durchzuziehen.

Wirkung:
Ignorieren stiftet Verwirrung, weil der Aggressor damit maßgeblich entscheidet und auch sichtbar macht, welche Informationen er zur Kenntnis nimmt und welche nicht. Damit bestimmt er sehr stark den Gesprächsfluss, denn er ist in gewisser Weise unberechenbar und zwingt andere, sich auf ihn einzustellen.

Gegenstrategie:
Auch hier ist es in der Regel von Vorteil, das Gesprächstempo zu verringern. Studieren Sie Ihr Gegenüber genau und agieren Sie weniger, reagieren Sie mehr. Weisen Sie hier und da freundlich auf Ihre Fragen bzw. Antworten hin. Hinterfragen Sie ruhig auch einmal, ob Ihr Gegenüber vielleicht da etwas überhört haben könnte? Wiederholen Sie insbesondere Ihre Fragen. Gerade beim strategischen Ignorieren sollte Ihr Gegenüber merken, dass Sie die Technik erkannt haben.

Isolier- und Verkleinerungstaktik

- *„Damit vertreten Sie bekanntermaßen eine Einzelmeinung …“*
- *„Zu diesem Ergebnis sind bislang nur Sie und Herr/Frau … gekommen.“*
- *„Die überwältigende Mehrheit kommt zu einem andern Ergebnis …“*
- *„Das ist ein Argument dafür, aber fünf sprechen dagegen …“*

Funktion:
Die Isoliertaktik kann in zwei Richtungen funktionieren. Zum einen kann Ihre Meinung als isolierte Außenseiterposition dargestellt und so abgewertet werden. Zum anderen kann eine Äußerung Ihrerseits aus dem Zusammenhang gerissen, also falsch wiedergegeben werden. Letzteres ist ein Fall, den wir auch schon im Zusammenhang mit dem Paraphrasieren angesprochen haben.

Wirkung:
Die eigene Position wird aufgewertet und so gestärkt, die Gegenposition wird minimiert und zur Außenseiterposition stilisiert.

Gegenstrategie:
Präsentieren Sie Zahlen, Daten, Fakten. Achten Sie auf eine ruhige, souveräne Ausstrahlung, um trotzig wirkende Reaktionen zu vermeiden, das ist auch bei ähnlichen Strategien wichtig. Sie können auch zur Verteidigung die Autoritätstaktik einsetzen. Hinterfragen Sie doch ruhig, wie Ihr Gegenüber zu der Annahme kommt, Sie würden eine Einzelmeinung vertreten. Das bringt ihn in Zugzwang.

Killerphrasen, Unterstellungen und Provokationen ...

- *„Sind Sie auch mal am Platz?"*
- *„Sieht man Sie auch mal wieder?"*
- *„Das haben wir schon immer so gemacht."*
- *„Das funktioniert doch nie!"*
- *„So geht das bei uns nicht!"*
- *„Das ist doch ein alter Hut!"*

Funktion:
Der Aggressor arbeitet mit Standardphrasen und provoziert, indem er dem Opfer etwas unterstellt, seine Vorschläge pauschal anzweifelt.
Da meist Standardphrasen eingesetzt werden, ist diese Methode ausgesprochen bequem.

Wirkung:
Mit den Unterstellungen und Zweifeln emotionalisiert der Aggressor das Opfer und löst bei ihm einen Rechtfertigungsdruck aus.

Gegenstrategie:
Rechtfertigen Sie sich nicht, sondern bleiben Sie sachlich. Fassen Sie sich kurz. Stellen Sie die Gegenfrage beziehungsweise fragen Sie nach, was genau gemeint ist, woran der an-

dere das festmacht, was genau er kritisiert, anzweifelt. Sie können auch nach dem Vier-Ohren-Modell (siehe Kap. 2.3) mit unterschiedlichen Interpretationsmöglichkeiten spielen und ihrem Gegenüber anbieten. Das irritiert meist ganz gehörig und nimmt der Bemerkung ihre Wirkung.

Übertreibungs- und Witztaktik

- *„Das ist mal wieder typisch ...“*
- *„Wenn wir bei jedem so entscheiden würden, ...“*
- *„Keiner fragt - aber Herr Meyer antwortet.“*

Funktion:
Hierunter fällt alles Summieren, Verallgemeinern, Übertreiben, gerne werden z.B. Einzelfälle als Regel dargestellt. Die Strategie soll auch emotionalisieren und so mundtot machen.

Wirkung:
Stigmatisierung des anderen, es wird das Bedürfnis nach Rechtfertigung ausgelöst und/oder er wird lächerlich gemacht. Auch Ideen und Vorschläge können so diffamiert und abgewertet werden.

Gegenstrategie:
Fragen Sie zurück: *„Inwiefern ist das vergleichbar?“ „Was soll damit gesagt werden?“* Eine solche Bemerkung sollte doch einen Sinnzusammenhang mit dem Gesagten haben; fragen Sie ganz konkret danach. Sie können das aber auch ignorieren. Und wenn Ihr Gegenüber Lacher erzielt hat, dann machen Sie gute Miene zum bösen Spiel, lachen Sie ggf. mit. Das ist oft unerwartet und damit irritierend, sowohl für Ihr Gegenüber als auch für so manchen Zuschauer. Dann gehen Sie einfach zum Thema über und machen in der Sache weiter.

Killerphrasen wirkungsvoll kontern

Killerphrasen operieren meist mit Unterstellungen, Vorwürfen und/oder Behauptungen. Sie bringen in Zugzwang, machen ein schlechtes Gewissen und lösen Rechtfertigungsbedürfnisse aus. Hier einige Beispiele, um in entsprechenden Situationen wirkungsvoll kontern zu können:

Haben Sie das immer noch nicht erledigt?	Was meinen Sie mit „immer"? Zunächst musste ich … Bis wann brauchen Sie …? Was ist Ihnen wichtiger, dies oder … ?
Wie lange soll ich noch warten?	Leider konnte ich noch nicht … (Sachstand geben, nach Deadline fragen)
Wo sind Sie denn den ganzen Tag?	Haben Sie mich gesucht / vermisst? Wobei / Wie kann ich Ihnen helfen? Was wollten oder brauchen Sie denn?
Warum haben Sie nicht zurückgerufen?	Gerufen schon, aber nicht erreicht. Sie sind aber auch schwer zu erreichen. Ja, irgendwie haben wir es schwer zueinander zu kommen … Sie möchten den aktuellen Stand wissen. Entschuldigung, ich bin noch nicht dazu gekommen.
Hören Sie nicht, wenn das Telefon läutet?	Doch. Nur, wenn ich im Büro bin. Sie haben versucht mich zu erreichen. Sie haben ja gemerkt, was bei uns los war.
Sie lügen ja wie gedruckt!	Was veranlasst Sie zu der Annahme? Wieso sollte ich? Ich versichere Ihnen: Nein. Manchmal sind die Tatsachen unerfreulich. Das ist eine Unterstellung.
Wenn Sie weg sind, geht wohl niemand ans Telefon?	Früher ging's doch auch! So ändern sich die Zeiten. In diesem Fall verhält es sich anders … Ja, aber leider jetzt nicht mehr.

Wieso dauert's bei Ihnen denn so lange?	Wenn Sie mir ... kann das jetzt ganz schnell gehen.
Seien Sie doch nicht so emotional!	Sie haben Recht, ich bin sehr engagiert. Wie könnte ich nicht emotional sein, wenn es um ... geht.
Wann ist der Bericht endlich fertig?	Es dauert noch eine Weile. Wir warten noch auf ... War nicht der Termin ... ? Wann brauchen Sie ihn? Sie brauchen ihn dringend?
Können Sie die Sachen nicht dahin legen, wo sie hingehören?	Was suchen Sie? Wo haben Sie denn gesucht? Brauchen Sie Hilfe? Doch, immer.
Können Sie nicht lauter reden?	Oh, hatten Sie Schwierigkeiten, mich zu verstehen? Gut, dass Sie mir das sagen. Gerne. Besser so ...? Leider muss ich meine Stimme etwas schonen ...
Sie wissen wohl gar nichts!	Was meinen Sie mit „gar nichts"? Was wüssten Sie denn gerne noch? Wo fehlen Ihnen noch Informationen? Was ist aus Ihrer Sicht noch wichtig?
Bei euch klappt ja nie etwas!	Was meinen Sie mit „nie"? Was konkret hat nicht geklappt?
Sie hatten mir das doch versprochen.	Zugesagt ja, versprochen nein. So leid es mir tut, auch heute kann ich es Ihnen nicht versprechen.
Wofür werden Sie eigentlich bezahlt?	Für ..., jetzt sind noch ... dazugekommen ... Wieso fragen Sie? Fragen Sie das lieber nicht ...
Haben Sie in der Angelegenheit überhaupt schon was unternommen?	Wir schon, aber zur Zeit müssen wir selber warten ... Es zieht sich etwas hin, nicht? Ich habe gerade erst nachgefragt bei ...

Unterbrechen

- Ins Wort fallen
- Zwischenfragen stellen
- Paraphrasieren
- Vor sich hin grummeln
- Telefonate annehmen
- Nebengespräche annehmen
- Jemandem Zeichen geben

Funktion:
Ins Wort fallen und unterbrechen durch Fragen und Paraphrasieren, aber auch irritieren durch Grummeln, Murmeln und paralleles Kommentieren, während das Gegenüber spricht.
Im Büro kann man auch Telefonate annehmen, Mitarbeiter kommen lassen oder in Diskussionen Nebengespräche beginnen und körpersprachlich mit Dritten plaudern.

Wirkung:
Verwirrung stiften, frustrieren und ablenken. Das Opfer soll den roten Faden und sein Selbstvertrauen verlieren.

Gegenstrategie:
Unterbrechen Sie selber Ihre Argumentation und lenken das Gespräch auf eine Metaebene. Nützlich ist es, Blickkontakt mit dem Aggressor aufzunehmen. Bleiben Sie freundlich. Bieten Sie z.B. bei Telefonaten selber eine Unterbrechung oder Pause an, falls „es etwas zu klären" gibt oder auch einen neuen Termin.
Sie können auch das Verhalten selbst thematisieren und fragen, warum Ihr Gegenüber diese Strategie verfolgt. Gerade wenn Sie „ein komisches Gefühl" haben, empfiehlt sich dieses Hinterfragen – wenn möglich „unter vier Augen" – also leise oder „nicht öffentlich".

In manchen Fällen kann es nützlich sein, einer Unterbrechung durch eine abwehrende Geste und ein *„Ich bin sofort fertig"* oder ein *„Noch eben einen Satz, bevor…"* zuvorzukommen.

Unterminierung und Infragestellen Ihrer Kompetenz

- *„Frauenlogik … !"*
- *„Sie haben halt keinerlei Erfahrung!"*
- *„Haben Sie in diesem Bereich denn schon gearbeitet?"*
- *„Er ist ja sehr intelligent, aber …"*
- *„In Ihrem Alter …"*
- *„Sie sind ja Fachmann für …, deshalb … "*
- *„Bei uns sind die Verhältnisse ja doch etwas anders …"*

Funktion:
Ihr Gegenüber greift Ihre Kompetenz an, Ihre Erfahrung, Ihre Ausbildung, die Branchenerfahrung, Ihr Alter …

Wirkung:
Ihr Gesprächspartner will Ihre Argumente schwächen, indem er durch Kritik an Ihrer Person auch Ihre Kompetenz infrage stellt. Per se wird damit suggeriert, dass Ihre Vorschläge oder Ausführungen zur Sache schwach sein müssen, weil Sie eben sind, wie Sie sind.

Gegenstrategie:
Trennen Sie Kompetenz und Sache und machen Sie dann zum Thema weiter. *„Mir geht es um die besseren Argumente, nicht darum, wer welches Zeugnis oder Zertifikat hat."* *„Ich könnte vielleicht mehr Praxis haben, aber trotzdem die Fakten richtig beurteilen."* Hinterfragen Sie auch, ob es sachliche Einwände gibt. Meist reicht das schon. Gehen Sie nicht weiter auf das unfaire Verhalten ein.

Wasserfalltechnik

- Überfülle an Argumenten, Informationen und Worten
- Keine Pausen
- Lange Sätze
- Oft hohe Sprechgeschwindigkeit

Funktion:
Der Aggressor erschlägt seinen Gesprächspartner mit Worten, Argumenten, langen Sätzen und oft umständlichen Formulierungen ohne Punkt und Komma. Häufig wird diese Strategie von einem hohen Sprechtempo begleitet.

Wirkung:
Zuhörerstress, denn Sie müssen die Argumente hören, behalten, prüfen und bewerten. Das ist eine Überlastung. Widersprüche, Fehler, Fehlinformationen und Wiederholungen können so nicht entdeckt werden.
Vor diesem Hintergrund resignieren viele Zuhörer und halten dem Vielredner zugute, dass, wer viel zu sagen hat, auch in der Sache kompetent sein wird. Damit ist diese Strategie erfolgreich.

Gegenstrategie:
Auch hier ist es wichtig, gezielt das Gesprächstempo zu verringern. Hinterfragen Sie das Gesagte und bitten Sie um Wiederholungen. Nützlich ist es auch, Gesprächsteile zusammenzufassen, machen Sie sich gegebenenfalls Notizen, auf die Sie später im Sinne der eigenen Argumentation zurückgreifen können. Denken Sie die präsentierten Argumente und Beispiele durch. Quantität kann keine Qualität ersetzen!

Auf den Punkt gebracht

- Attacken können körpersprachlicher, sprachlicher und – besonders häufig – gemischter Natur sein.
- Typisch für unfaire Attacken ist der Versuch, Sie derart zu emotionalisieren, dass überlegte und gezielte Reaktionen unmöglich werden.
- Die meisten Attacken kombinieren darüber hinaus verschiedene Methoden, um Sie aus dem Gleichgewicht zu bringen und Ihnen so die Denkfähigkeit zu nehmen.
- Die meisten Aggressoren haben typische Aggressionsmuster. Wenn Sie diese erkennen, können Sie sich vorbereiten und variationsreicher reagieren.
- Achten Sie besonders darauf, sich nicht treiben zu lassen, bestimmen Sie das Tempo und Ihre Reaktion.
- Wenn es Ihnen gelingt, abseits erwartbarer Muster zu agieren, behalten Sie die Handlungshoheit.

5 Schritt für Schritt zur Souveränität

**Wer sich selbstsicher fühlt,
kann gelassen und zielsicher agieren**

5.1 Die wichtigsten Verteidigungsstrategien gegen unfaire Dialektik auf einen Blick

Hier für Sie zunächst einmal die wichtigsten Selbstverteidigungsstrategien im Überblick.

Abschütteln
Grübeln Sie nicht, schütteln Sie negative Ereignisse ab. Nutzen Sie dazu Hobbys, Ablenkungen und ggf. auch mentale Entspannungstechniken.

Aktiv zuhören und konkret nachfragen
statt zu interpretieren, im Geiste Feindbilder aufzubauen und virtuelle Attacken zu konstruieren.

Ausflüchte/Fluchtweg
Lassen Sie dem anderen, wenn möglich, einen Fluchtweg, auch wenn er gelogen hat, sollte man ihm einen „Irrtum“ zugestehen. Wahren Sie nach Möglichkeit sein „Gesicht“, das erspart Ihnen Feinde.

Beharren und wiederholen
Manchmal muss man seine Position wiederholen, auf etwas beharren, damit es ankommt.

Die emotionale von der Sachebene trennen
Nutzen Sie die verschiedenen Interpretationsmöglichkeiten nach Friedemann Schulz von Thun (siehe Kap. 2.3), sprechen Sie ruhig auch ihre Gefühlskulisse an, das entlastet.

Differenzieren und isolieren
Allgemeine und pauschale Aussagen und Behauptungen sollten Sie unbedingt auseinandernehmen. Erst dann weiß man, worüber genau man spricht.

Direkt widersprechen
Das sollten Sie eher selten, denn das führt häufig zu Machtkämpfen, bei denen es weniger um die Sache als ums Rechthaben geht. Doch wenn es unvermeidbar ist, widersprechen Sie begründet und mit dem nötigen Nachdruck.

Fehlerprüfung einbauen
Nehmen Sie nichts ungeprüft hin, prüfen Sie Thesen, Begründungen und Vorschläge nach, spielen Sie sie durch.

Fokus wechseln
Wenn Sie mit einer Argumentation nicht weiterkommen oder sich in einem Patt befinden, wechseln Sie hemmungslos den Fokus.

Freundlichkeit
Bleiben Sie freundlich so lange es geht: *„Hart in der Sache, aber verbindlich im Ton"*, denn *„Das Lächeln ist die charmanteste Art, dem Gegner die Zähne zu zeigen"*.

Gegenfragen stellen (hinter-/nachfragen)
Das bringt Ihr Gegenüber in Zugzwang. Was genau meint er mit *„nie"*? Warum genau funktioniert etwas möglicherweise nicht?

Gesetz des Handelns behalten
Werden Sie bei einem Angriff aktiv, fragen Sie nach, fordern Sie den anderen, reagieren Sie nicht nur.

Grenzen ziehen
Ziehen Sie Grenzen, wenn nötig, nachdrücklich und nach Möglichkeit unter vier Augen. Das ist weniger peinlich. Es

hängt von der Person und der Situation ab, ob man Grenzen eher früher oder erst nach zwei, drei Übergriffen zieht.

Mit Fakten widerlegen
Bleiben Sie sachlich, spielen Sie die Dinge an konkreten Beispielen durch oder präsentieren Sie Zahlen, Daten, Fakten, und Studien.

Nachdruck
Wenn Sie „gehetzt" oder „unterbrochen" werden, verschaffen Sie sich mit einem nachdrücklichen Stoppen und körpersprachlichen Ausdruckswechsel Luft.

„Naiv" spielen („Detective Colombo"-Strategie)
Seien Sie sich nicht zu schade, den Naiven zu spielen, lassen Sie sich die Dinge noch einmal erklären, fragen Sie nach … So erfahren Sie viel und bekommen unter Umständen Munition von Ihrem Gegner geliefert.

Nicht nachtreten
Lieber nicht reagieren oder nur mit einem gelassenen Blick als nachzutreten. Das kann ein neues Gefecht in Gang setzen. Besonders dumm, verbrannte Erde zu hinterlassen, wenn Sie gerade gewonnen haben.

Nicht zuhören/überhören
Ignorieren Sie doch ruhig auch mal etwas, wie es Ihnen gerade so passt.

Notizen machen
Protokollieren Sie Inhalte und Gesprächsverlauf. Was Sie schwarz auf weiß haben, bietet Ihnen eine sichere Basis, von der aus Sie in Ruhe agieren können.

Plastisch sprechen
Zur Vorbeugung, um verständlich zu sein und um die Aussagen des anderen herunterzubrechen.

Präzisieren
Insbesondere, wenn Sie Ihr Gegenüber gründlich missverstanden hat, stellen Sie den Sachverhalt richtig und/oder präzisieren Ihre Aussage.

Rückkehr zu den Wurzeln
Verlieren Sie Ihr Ziel nicht aus den Augen. Richten Sie sich immer wieder, gerade wenn es heiß zugeht, neu auf Ihre eigentlichen Ziele aus.

Ruhig, gelassen bleiben („Regenschirmtaktik")
Fühlen Sie sich nicht unnötig persönlich angefasst, distanzieren Sie sich von den Problemen des anderen.

Sachbeschreibung/Sachdarstellung
Gerade bei Vorwürfen, Schuldfragen bei der Sache bleiben, den Sachverhalt präzise schildern. Das nimmt vielen den Wind aus den Segeln. Wichtig auch bei der „Hetzjagd" (siehe Kap. 2.5) Abläufe und Prozesse, die sich aus Aufträgen ergeben, durchzuspielen und den Aggressor zu Prämissen zu zwingen. Was ist ihm wichtiger? Bis wann?

Segmentieren und analysieren
Nehmen Sie fremde Aussagen auseinander.

Schlagfertig sein
Hilfreiche Standardbemerkungen und Standardfragen, z.B. *„Wie soll ich das verstehen?"* oder der zweisilbige Kommentar *„So, so"* verfehlen meist ihre Wirkung nicht.

Taktik des Gegners offen legen
Sprechen Sie die Taktik des Aggressors offen an, zeigen Sie ihm, dass Sie wissen, was er beabsichtigt. Das stoppt ihn oft.

Unberechenbar sein
Reagieren Sie immer anders, werden Sie unberechenbar. Das ist ein sehr machtvoller Schutz.

Überblick verschaffen und behalten
Gerade wenn es heiß hergeht, verschaffen Sie sich immer wieder Abstand und Überblick, zur Not auch mit Tricks, etwa, indem Sie vorgeben, auf die Toilette zu müssen.

Vorhandensein von Widersprüchen prüfen
Prüfen Sie fremde Aussagen auf Widersprüche.

Verantwortung delegieren
Mit Gegenfragen, Rückfragen, Bitten um Erläuterungen und Beispielen delegieren Sie die Verantwortung an den Aggressor zurück. Reden Sie nicht zuviel selbst.

Wach und aufmerksam sein und bleiben
Hören Sie zu und beobachten Sie Ihr Gegenüber.

Zeit verschaffen, eigenes Tempo wahren
Lassen Sie sich nicht auf das Tempo des Anderen ein, gehen Sie Ihr eigenes Tempo, damit Sie denk- und handlungsfähig bleiben.

Zurückziehen
Wenn die Situation verhärtet ist, ist es oft gut, sich zurückzuziehen und neu zu ordnen. Machen Sie eine Pause, werden Sie unsichtbar ... Alle beruhigen sich und Sie können Ihre Perspektiven erweitern.

Zustimmen
Wo der Andere Recht hat, geben Sie ihm Recht. Das ist unerwartet und irritiert ihr Gegenüber.

Zustimmung suchen
Wenn es möglich ist, suchen Sie z.B. beim Aktiven Zuhören die Zustimmung Ihres Gegners, auch bei eigenen logischen Argumentationen und dem Durchspielen von Ereignissen und Prozessen ist das nützlich. Dann kann der Aggressor seltener oder erst später widersprechen.

5.2 Erfolgreiche Verteidigung braucht Grundlagen

Wenn Sie sich erfolgreich gegen Übergriffe verteidigen und Ihre Ziele verfolgen wollen, reicht es nicht, eine Liste mit möglichen Verteidigungsstrategien zur Hand zu haben. Sie müssen auch in der Lage sein sie anzuwenden. Dazu müssen einige Grundbedingungen erfüllt sein.

Die Stress-Balance

Wer gestresst ist, hat wenig Zeit, muss vielen Terminen hinterherlaufen und fühlt sich oft erdrückt von den Anforderungen, die an ihn gestellt werden. Häufig stellt sich ein schlechtes Gewissen ein, weil man nichts so richtig machen kann und man versagt sich Pausen und Schlaf.
In dieser Situation neigt man zu Überinterpretationen und Missverständnissen, kann sich in der Regel nicht mehr von den Dingen distanzieren und einen Überblick verschaffen. Statt rational reagiert man instinktgesteuert und eckt oft an. Widerstände aber erzeugen eine noch höhere Belastung und so wird man noch gestresster.
Wollen Sie diesen Teufelskreis durchbrechen, sorgen Sie für eine Stressbalance, nur so können Sie Ruhe und Gelassenheit in ihrem Inneren erreichen.

Das Selbstbild

Wenn Ihr Selbstbild stark vom Fremdbild abweicht, sind Sie ein willkommenes Opfer für Attacken, da Sie dann dazu neigen, Kommunikation und Kommunikationsverläufe anders wahrzunehmen und zu interpretieren als Ihr Umfeld. So sind Sie leicht aus dem Gleichgewicht zu bringen und fühlen Sie sich oft regelrecht von unfairen Reaktionen eingekreist, weil die Menschen anders auf Sie reagieren, als Sie erwarten. Umgekehrt entsprechen auch Sie nicht den Erwartungen Ihres Umfeldes, was die Irritationen weiter verstärkt. Achten Sie daher auf ein realitätsnahes Selbstbild.

Das Selbstwertgefühl

Gerade wenn wir unter Stress stehen, hat das auch Folgen für unser Selbstwertgefühl. Unter Stress können wir viele Erwartungen nicht optimal erfüllen und werden entsprechend kritisiert. Das zerrt auf Dauer an unserem Selbstwertgefühl und wir reagieren empfindlicher auf Kritik, sehen auch dort Angriffe, wo sie gar nicht intendiert sind.
Sehr schnell entwickelt man dann eine Belagerungsmentalität, die die Möglichkeit gegenseitiger Missverständnisse noch weiter verstärkt.
Auf der anderen Seite aber sind wir mit einem angeschlagenen Selbstwertgefühl auch sehr für Streicheleinheiten und Bestätigungen empfänglich. Besonders vor dem Hintergrund dieser Bedürfnislage (siehe auch Kap. 2.4) kann man uns sehr gut austricksen.

> Menschen mit labilem Selbstwertgefühl sind anfällig für Manipulationen und unfaire Attacken.

Der Überblick

„Wer den Wald vor lauter Bäumen nicht sieht …“ Vieles, was wir spontan als Unfairness empfinden, ist oft nur ein Missgeschick, ein Zufall, ein Zusammentreffen unglücklicher Umstände oder ein Ergebnis selektiver Wahrnehmung.
Um echte Unfairness identifizieren zu können, muss man sich den Überblick verschaffen und in der Lage sein, die Dinge sauber zu analysieren.
Überblick bedeutet, die Ereignisse und Zusammenhänge von einer höheren Warte aus zu betrachten und nicht nur auf die unmittelbaren Ereignisse direkt vor unserer Nase zu schauen. Erst dann können wir die Dinge zutreffend einordnen und kategorisieren. Grundsätzlich brauchen wir dazu:

Informationen / Wissen und Analysefähigkeiten
Ohne (Hintergrund-)Wissen und die Fähigkeit, Zusammenhänge und Einflüsse zu erkennen und sachangemessen zu

bewerten, wird es schwer, die Brille der rein subjektiven Wahrnehmung abzusetzen. Wenn Sie hier Grenzen spüren oder sich stets in den gleichen Überlegungen und Sackgassen wiederfinden, suchen Sie sich Hilfe. Nicht immer sind dann Ihre besten Freunde auch die besten Berater, da sie möglicherweise in den gleichen Wahrnehmungsfallen stecken wie Sie. Oft ist es daher nützlicher, sich jemandem anzuvertrauen, der weit vom Schuss ist. Dieser kann oft wesentlich objektiver und auch weiträumiger an die Dinge herangehen und Ihnen so neue und konstruktive Perspektiven eröffnen.

Der Verteidigungsfundus: Bereiten Sie sich vor!
Ganz wichtig, insbesondere wenn Sie Unfairness in Ihrem direkten Umfeld ausgesetzt sind, ist, sich einen Fundus von Verteidigungsstrategien zurechtzulegen, auf den Sie auch in Stresssituationen routiniert zurückgreifen können.
Wer erst in der konkreten Situation anfängt, sich zu überlegen, was er tun kann, hat meist schon verloren.

Sie können schon im Vorfeld etwas tun!

- Lesen Sie viel und informieren sich zu dem strittigen Thema: Eine ausgewogene Informationsbasis verleiht Ihnen in kritischen Situationen Selbstsicherheit.
- Analysieren Sie Diskussionssendungen und Talkshows im Fernsehen. Hier bieten sich viele Möglichkeiten zu beobachten, wie andere mit unfairen Attacken umgehen.
- Wer agiert in Ihrem Umfeld besonders souverän? Lernen Sie von solchen Zeitgenossen.
- Legen Sie eine Sammlung mit guten Sprüchen oder Bemerkungen an.
- Besuchen Sie Seminare.
- Spielen Sie in Gedanken prekäre Situationen durch und arbeiten Sie an der Optimierung Ihres Verhaltens.

Langfristige Strategien entwickeln

Langfristige Strategien brauchen Sie immer dann, wenn Sie z.B. täglich mit unangenehmen Menschen zu tun haben.
Handelt es sich um eine ganz bestimmte Person, studieren Sie Ihr Gegenüber. Jeder von uns hat typische Verhaltensweisen, Sprüche und Argumentationen. Diese Grundmuster werden Sie entdecken, wenn Sie Ihren Widerpart gezielt studieren. Machen Sie sich dazu Notizen. Gehen Sie den Gesamtzusammenhang der Kommunikation durch. Überlegen Sie sich wirkungsvolle Repliken, schreiben sich diese auf und lernen Sie sie. Wer sich dazu zu schade ist, der verliert.
Handelt es sich um eine Grundsituation, wie z.B. in einer Beschwerdehotline, studieren Sie Ihre Beschwerdeführer. Auch hier lassen sich typische Verhaltensmuster erkennen. Sammeln Sie Verteidigungsstrategien und probieren Sie sie aus. Je besser Sie Ihr Klientel kennen, desto wirkungsvoller werden Sie sich verteidigen und dem anderen schließlich sogar helfen können.
Sind Sie mit einem negativen Unternehmensklima, Intrigen und Mobbing konfrontiert, entscheiden Sie, ob Sie mit der aktuellen Situation leben können. Können Sie das nicht, versuchen Sie, sie zu ändern. Können Sie nichts ändern, dann verändern Sie sich selbst, indem Sie die Situation verlassen; das ist immer noch besser, als sich zugrunde zu richten. Also *„Love it, change it or leave it“*.
Gerade Szenarien von Intrigen und Mobbing brauchen viel Zeit, Nerven und Aufwand, um aufgedeckt und verändert werden zu können. Mit dem Vorgesetzten oder dem Aggressor zu reden bringt, leider, in den meisten Fällen nicht wirklich viel. Da bedarf es einer aufwändigen Situations- und Personenanalyse und einer ausgefeilten Strategie, die auch nicht immer zum Erfolg führt. Also, seien Sie realistisch.

Putzen Sie Ihre Festplatte!

Wenn Sie Zielperson oder Opfer einer unfairen Attacke werden, blockieren Sie sich nicht dadurch selbst, indem Sie Gedanken und Gefühle permanent um die Aggression kreisen lassen. Ein wirkungsvolles Mittel, hier entsprechend gegenzuwirken, ist der innere Anti-Ärger-Dialog.

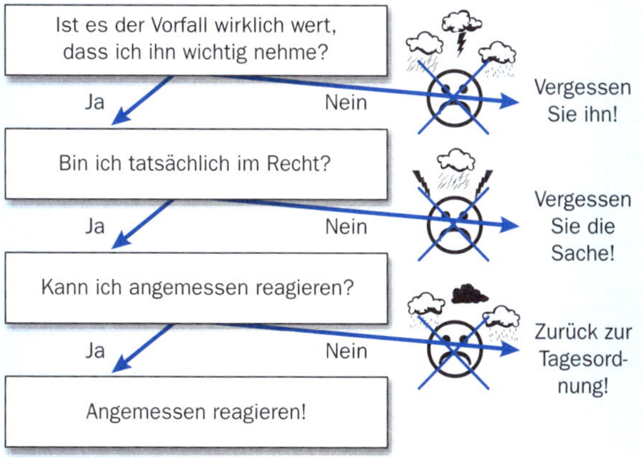

Ihr innerer Anti-Ärger-Dialog macht Ihnen den Kopf frei

5.3 Ändern Sie Ihre Einstellung: Betrachten Sie Unfairness und Attacken als Spielvorlagen

Wenn Sie innerlich auf Angriffe warten oder sie befürchten, fühlen Sie sich bedroht und leiten innerlich schon den typischen Alarmmechanismus ein, der uns auf Instinktsteuerung schaltet.

Doch Sie können unfaire Attacken auch mit Spielbällen im Tennis oder im Squash vergleichen. Beide Spiele machen ohne das Zuspiel des „Gegners“ keinen Sinn. Es käme niemand auf die Idee, daraus persönliche Attacken zu machen. Nutzen Sie diese Sichtweise und vermeiden Sie inneren Stress, indem Sie allerorten Böses erwarten. Versuchen Sie, sich auf solche Gelegenheiten des Schlagabtausches zu freuen, das befreit und beflügelt Ihr Denken.

Auf den Punkt gebracht

- Vermeiden Sie Stress und das Mitschleppen von Problemen.
- Achten Sie auf eine ausgeglichene innere Grundhaltung, damit Sie nicht so leicht aus dem Gleichgewicht zu bringen sind.
- Bereiten Sie sich gezielt auf typische Situationen oder Angreifer vor.
- Putzen Sie im Zweifelsfall Ihre „Festplatte“, statt sich an Nebensächlichkeiten aufzureiben und dadurch innerlich zu blockieren.

6 Fallbeispiele

Missverständnis, ungeschickt oder unfair?

Um unser Thema unfaire Dialektik und Manipulation, zu dem Sie ja jetzt viel gelesen und gelernt haben, abzurunden, möchte ich Ihnen abschließend noch zwei Fallbeispiele geben, die Ihnen vielleicht helfen, unfaire Strategien besser zu erkennen, zu klassifizieren und Gegenstrategien zu entwickeln.

6.1 Der Experte

Verfolgen Sie einmal nachstehendes Gespräch zwischen einem an einem Drucker interessierten Kunden und einem Verkäufer in einem Ladengeschäft für Computerzubehör.

Kunde:	*Bislang habe ich viel mit den Druckern von XYZ gearbeitet. Ehrlich gesagt tendiere ich auch jetzt wieder zu XYZ …*
Verkäufer:	*Aber XYZ ist doch qualitativ völlig indiskutabel. Sie wollen doch bestimmt saubere und scharfe Ausdrucke, oder?*
Kunde: (etwas verärgert)	*Also, bis jetzt war ich mit XYZ durchaus sehr zufrieden.*
Verkäufer:	*Ja, mit reinen Textausdrucken vielleicht. Aber wenn Sie Zeichnungen, Fotos, Skizzen oder Grafiken ausdrucken wollen, da fehlt es doch an jeglicher Schärfe …*
Kunde:	*Ich habe auch schon Grafiken und Fotos ausgedruckt und, wie schon gesagt, ich war bislang immer zufrieden!*
Verkäufer:	*Vielleicht waren Sie das ja wirklich – bisher. Aber wenn Sie erst einmal einen Ausdruck von*

XYZ mit einem unserer Drucker vergleichen, dann ...

Kunde: *Sagen Sie mal, was bilden Sie sich eigentlich ein!*

Verkäufer: (verdutzt) *Wieso? Ich will Ihnen doch nur deutlich machen, dass Sie einfach den neuesten Stand der Technik nicht ...*

Kunde: (jetzt richtig wütend) *Ach, Sie wollen mir also nur deutlich machen, dass nur solch ein vertrottelter Idiot wie ich mit XYZ zufrieden sein kann?*

Verkäufer: (erstaunt) *Aber nein, überhaupt nicht. Ich möchte Ihnen nur die aktuellen Daten und Muster zeigen, damit Sie sehen, wie gut unsere Drucker ...*

Kunde: *Junger Mann! Vielleicht ist Ihr Drucker tatsächlich so gut, wie Sie behaupten. Vielleicht ist er sogar besser als alle Alternativen. Aber ich bin nicht interessiert. Guten Tag!*

Was ist in diesem Gespräch geschehen? Warum ist es derart aus dem Ruder gelaufen?

Auswertung

Der Verkäufer beleidigt seinen Kunden. Dessen Meinung oder Einschätzung zu kritisieren wirkt gerade so, als würde er dessen Person kritisieren, daher reagiert der Kunde verärgert. Statt nun die Verstimmung seines Kunden zur Kenntnis zu nehmen, insistiert der Verkäufer noch und setzt den Kunden weiter herab. Er suggeriert, dass der Kunde keine Sachkenntnis und viel zu niedrige Anforderungen habe. Das muss dieser persönlich nehmen und emotional reagieren. Seine Instinktsteuerung setzt ein und er explodiert.
Jetzt könnte der Verkäufer ja aus den Paraphrasen des Kunden lernen, wo die Ursache des Konfliktes liegt, aber er hört nicht zu, sondern setzt seine Beleidigungsstrategie fort. Dabei hätte er an dieser Stelle noch mit einer Entschuldigung

und neuer Technik die Bedürfnisse des Kunden bedienen und das Gespräch retten können. Erst mit der letzten Kundenäußerung ist das Gespräch völlig verloren.
Mit seiner Gesprächsführung hat der Verkäufer den Kunden auf eine emotionale Ebene „geschubst“ und hier zu seinem eigenen Nachteil eingenebelt.
Vermutlich wird er selber das Kundenverhalten als unfair empfinden, hat es aber durch eigenes Ungeschick produziert, indem er – mit Maslow gesprochen – den Kunden permanent auf der Bedürfnisstufe vier angegriffen und seine Kompetenz und sein Prestige in Zweifel gezogen hat (siehe Kapitel 2.4).
Das kann der Kunde nicht akzeptieren und stellt eigene Sachinteressen (den Erwerb eines Druckers) zugunsten seiner emotionalen Bedürfnisse nach Achtung und Respekt zurück. Hier sind also emotionale Motive ausschlaggebend für die Kundenentscheidung.

6.2 Der Hindernislauf

Zum Schluss schlage ich Ihnen einen umfangreicheren Praxistest vor. Verbringen Sie eine Zeit mit einer Heldin Julie, die ich eigens für meine Seminare kreiert habe.
In die geschilderten Szenen sind eigene und fremde Erfahrungen und praktische Erlebnisse eingeflossen. Bitte prüfen Sie, was da geschieht, und warum.
In meinen Analysevorschlägen habe ich mich auf das Thema Täter/Opfer und die entsprechenden Strategien konzentriert, aber Sie können die Szenen auch einmal mithilfe der Transaktionsanalyse (Kap. 2.5), der vier Seiten einer Nachricht (Kap. 2.3) oder auch mithilfe der Bedürfnispyramide (Kap. 2.4) analysieren.
Das Verfolgen dieses Fallbeispiels kann Ihnen zunächst helfen, Ihren Blick für entsprechende Situationen zu schärfen und dann selber für Sie geeignete Ausweich- und Verteidigungsstrategien zu entwickeln.

Hier einige Leitfragen für Ihre Analyse:

- Sehen Sie hier Aggressionen?
  Wenn „Ja“, wo und welcher Art?
- Wer ist Ihrer Meinung nach der Aggressor? Warum?
- Wer ist Ihrer Meinung nach hier Opfer? Warum?
- Verfolgen die Aggressionen bzw. hat der Aggressor ein Ziel? Hat er Erfolg?
- Wie verteidigt sich das Opfer?
- Hat das Opfer ein Ziel?
- Verliert es dieses Ziel aus den Augen oder verfolgt es sein Ziel?
- Sind die Reaktionen des Opfers angemessen?
- Ist die Reaktion auf vergleichbare Situationen übertragbar?

Szene 1

Julie steht in der Tür und schaut zum Himmel auf. *„Oh, ist das ein schöner Tag. Na, nach all den Regentagen brauchte man das jetzt aber auch.“* Schwungvoll schließt sie die Tür hinter sich ab und marschiert gut gelaunt die Straße hinunter.

An der Bushaltestelle drängeln sich die Leute. *„Pardon. Darf ich durch?“* spricht Julie in die Gruppe. Ein paar Gesichter wenden sich ihr zu, aber dass Platz gemacht wird? Sie macht sich ganz schmal und drängelt sich durch: *„Pardon, Pardon.“* Ein fülliger Herr will partout nicht reagieren, sodass sie ihn mit der Hand zur Seite drücken muss: *„Pardon.“* – *„Sagen Sie, müssen Sie mich anrempeln? Passen Sie doch auf, wo Sie gehen!“* schnauzt er Julie an. Im Vorbeigehen schaut sie desinteressiert zu ihm auf: *„Hätten Sie Platz gemacht, wäre es wohl nicht nötig gewesen.“* Zuckt locker die Schulter und schüttelt den Kopf. Der hat ja wohl schon am frühen Morgen Probleme. Schwungvoll schreitet sie aus.

Analyse

Es gibt hier zwei Aggressionen, das Durchdrängeln Julies und den Ausbruch des fülligen Mannes. Oberflächlich betrachtet scheint Julie das Opfer zu sein, doch bei näherem Hinsehen ist der Mann Opfer einer körpersprachlichen Attacke, die Julie ausübt, indem sie seine körperliche Distanzzone verletzt und ihn damit gewissermaßen angreift.
Dieser hätte sich verteidigen und gleichzeitig eine Eskalation verhindern können, indem er mit guter Laune etwa geäußert hatte: „*Na, Sie haben es aber eilig*". Gegenüber der wartenden Gruppe hätte er sein Gesicht wahren können, indem er die Aufmerksamkeit auf etwas anderes gelenkt hätte.
Julies Reaktion ist nicht sehr freundlich, eher grenzwertig und sogar etwas zickig. Hier ist sie tolerabel, weil sie zu dem Unbekannten keine persönliche Beziehung und daher nichts zu verlieren hat. Übertragbar ist die Reaktion nicht.

Fazit: Nicht jede uns unfair erscheinende Aktion ist auch wirklich unfair gemeint (der füllige Herr hat nicht aus Provokation keinen Platz gemacht). Oft ist sie nur eine Reaktion auf eine Handlung von uns, die unser Gegenüber negativ getroffen hat. Fragen Sie deshalb stets nach Ihrer Mitverantwortung, bevor Sie den anderen verurteilen.

Szene 2

Vor „Carolines Schaufenster". Der Pulli ist wirklich schön. Mit einem Ruck betritt Juli zum ersten Mal das Geschäft, schöne Sachen, aber auch entsprechend teuer. „*Guten Morgen*", grüßt Julie die Verkäuferin. Die schaut kurz auf und zieht dann ein Kleid zurecht. „*Wie kann ich Ihnen helfen?*" Sie tritt einen Schritt zurück, noch ein prüfender Blick auf das Kleid, dann wendet sie sich Julie zu.
Diese fühlt den Blick der Verkäuferin langsam an sich hinuntergleiten: billiger Trenchcoat, Jeans, dunkle Schuhe. Ihr wird warm, aber dann schüttelt sie sich kurz: „*Ich möchte den grünen Pulli probieren.*" – „*Welchen? Wir haben viele.*" –

„Den im Schaufenster, Größe 36." Die Verkäuferin wirft einen langen Blick ins Schaufenster. *„Probieren Sie doch erst einmal 38. Dann sehen wir die Passform."* – *„Nein"*, schüttelt Julie den Kopf, *„ich brauche 36. Sonst hängen die wie Mehlsäcke."* – *„Sind sie sicher, dass Sie ihn kaufen wollen?"* Julie lächelt ein wenig sprachlos: *„Sonst wäre ich wohl kaum hier."* Die Verkäuferin zieht eine Braue hoch und wendet sich dann sehr langsam dem Schaufenster zu: *„Dann hole ich ihn mal aus der Dekoration. Das machen wir ja sonst nicht ..."*

Analyse

In dieser Szene gibt es eine Reihe von Aggressionen, verbaler und nonverbaler Art, die eine Kette bilden: jemanden warten lassen, jemanden mustern, sich weigern zu verstehen, ignorieren von Wünschen, eine „Gnade" gewähren.
Aggressorin ist hier eindeutig und durchgängig eine Person: die Verkäuferin. Sie attackiert ihr Opfer sowohl verbal als auch nonverbal durch Mustern, warten lassen, anzweifeln der geäußerten Absichten. Hinter den Aggressionen steht ein Ziel: Die Verkäuferin arbeitet offensichtlich darauf hin, Julie gar nicht oder nur mit minimalem Aufwand bedienen zu müssen.
Opfer, auf das alle Übergriffe gerichtet sind, ist Julie. Sie hat ebenfalls ein konkretes Ziel, nämlich bedient zu werden, also den begehrten Pullover zu probieren. Sie begegnet den Attacken, indem sie auf Ihrem Wunsch beharrt und geduldig bleibt. Dieses Ziel erreicht sie auch und setzt sich so gegen die Attacken und den Druck der Aggressorin durch.
Julie reagiert im Gegensatz zu Szene 1 hier im Wesentlichen sachlich und damit angemessen. Ihre Handlungsmöglichkeiten als Opfer sind in diesem Falle im Vergleich zu Szene 1 schon etwas eingeschränkt, weil zwischen Verkäuferin und Kundin schon eher eine Beziehung besteht als zwischen zwei Passanten, die sich lediglich auf der Straße begegnen.
Die Reaktionen ließen sich auch auf andere Situationen übertragen, auch auf solche, bei denen eine dauerhafte Beziehung besteht.

Szene 3

Also, irgendetwas stimmt mit dem Pullover nicht. Er zieht und sitzt nicht richtig. Julie zuckt mit den Schultern hin und her vor lauter Unwohlsein. Nein, dafür gibt sie ihr Geld nicht aus. *„Nein, er sitzt nicht! Das hat keinen Zweck!“* meint Julie dann laut. Eine Hand schiebt den Vorhang zur Seite und die Verkäuferin steht halb in der Kabine. *„Kommen Sie doch mal raus, hier sehen Sie sich besser. Aber der sitzt doch tadellos. Und bei so einem Figürchen wie Ihrem. Nein, schauen Sie mal, wie schön er hier fällt. Die meisten könnten ihn ja nicht tragen, weil die Hüften zu breit sind. Aber Sie sind ja so schmal wie ein Mannequin. Also ...“*
Hier zupft sie an dem Pullover, dort streicht sie darüber und legt dann die Hände auf Julies Schultern und sieht mit ihr in den Spiegel: *„Wirklich schön, nicht?“* Julie schaut auf ihr Spiegelbild, ja, in der Tat nicht schlecht. Sie dreht sich nach links, nach rechts. Soll sie nicht doch? *„Darf ich noch mal?“* Sie schaut auf eine Bluse, die ihr plötzlich auffällt. Doch auf den zweiten Blick ist sie nicht so überzeugend. Kunstfaser. Sie hängt sie zurück. Schaut dann an sich hinunter, zupft ein wenig an den Schultern. Und wendet sich dann mit gesenktem Kopf der Kabine zu. Langsam zieht sie den Vorhang zu, soll sie oder soll sie nicht? Sie schaut noch einmal in den Spiegel, zupft wieder an sich herum. Und plötzlich merkt sie wieder das Ziehen in den Schultern. *„Also, das ist wirklich ein Schmuckstückchen, das Sie sich da ausgesucht haben. Na ja, Bowlers. Die machen sehr schöne Sachen.“* Julie findet den Pulli plötzlich gar nicht mehr so toll, aber die Verkäuferin hat sich ja doch viel Mühe gegeben. Kann sie das jetzt machen? Sie zieht ihre Sachen wieder an und schaut spontan auf das Etikett, 50 Prozent Kunstfaser: *„Nein, ich glaube er sitzt wirklich nicht. Vielen Dank für Ihre Mühe.“*

Analyse

Auch in dieser Szene gibt es eine Fülle von Aggressionen verbaler und nonverbaler Art, die die schon vorher beschriebene Kette fortsetzen: Verletzung der Distanz-/Intimzone,

sogar Berührungen, Ausübung von Druck durch Anweisungen, in ein anderes Territorium holen, Wortschwall, persönlich/gefühlsmäßig unter Druck setzen durch Loben und das Herstellen von Gemeinsamkeiten, Loben/Aufwerten.
Auch in dieser Szene fungiert die Verkäuferin als Aggressorin. Sie modifiziert allerdings die Strategien: Sie verletzt die persönlichen Distanzzonen, lobt Ihr Opfer, wertet die Entscheidung auf (Autoritäts-/Zitationstaktik: Hinweis auf die Marke) und manipuliert durch positive Konversation.
Die Verkäuferin verfolgt in dieser Szene ein modifiziertes Ziel, denn sie arbeitet immer noch darauf hin, den Aufwand möglichst gering zu halten, aber doch den möglichen Verkauf zu realisieren.
Julie, das Opfer, verschafft sich Raum, indem sie den Fokus wechselt (Bluse), sich in die Kabine zurückzieht, langsam wird, um sich Zeit zu verschaffen, den Kontakt vermeidet, neue Argumente/Einwände prüft bzw. sucht und beharrlich ist.
Auch das Opfer hat sein Ziel in dieser Szene modifiziert. Bei der Anprobe stellen sich Störgefühle ein, weil der Pullover nicht Julies Vorstellungen entspricht und sie ihn nicht länger kaufen will. Julie reagiert letztlich auch hier wieder sachlich und damit angemessen. Und sie erreicht auch dieses Ziel.
Ihr Vorgehen ist eindeutig auch auf engere Beziehungen übertragbar.

Fazit: Unfairness ist oft keine Absicht, sondern „fällt nebenbei ab", wenn Ihr Gegenüber seine Interessen durchsetzen will. Je nachdem, wie stark sein Interesse ist, ist er auch bereit, Ihnen zu schaden. Ihre Aufgabe und Ihr Recht ist es, Ihre Interessen zu wahren.

Szene 4

Im Büro: Als sie die Tür aufmacht, hört Julie ihren Chef: *„Wann bekomme ich endlich Frau Fern durchgestellt?"*. Ihre Kollegin, Frau Ruh, verlässt gerade Herrn Zicks Büro. Sie dreht sich gelassen um: *„Frau Fern habe ich in der zweiminütigen Wahlwiederholung, sobald sie an den Apparat geht, stelle ich sie durch."* Dann schließt sie die Tür. *„Guten Morgen Julie, wie geht es?" – „Guten Morgen, Frau Ruh, hat er heute schlechte Laune?" – „Sie kennen das ja!" – „Wie schaffen Sie es nur, so ruhig zu bleiben?" – „Ach, er hat ein Problem mit sich selbst, wieso soll ich das zu meinem machen? Das raubt mir nur die Ruhe."*

Frau Ruh geht zum Schreibtisch und stutzt: *„Die Akte Winterberg hat doch gerade noch hier gelegen. Ja, wo ist die denn geblieben?"* Sie geht die Unterlagen auf dem Schreibtisch durch: *„Die Akte ist tatsächlich nicht mehr da! Ich habe doch keine Halluzinationen."* Julie beteuert: *„Ich habe sie nicht genommen. Wirklich nicht." – „Natürlich haben Sie sie nicht genommen, Julie. Sie waren doch gar nicht da. Das wollte ich übrigens nicht andeuten, wenn ich das annähme, würde ich Sie direkt fragen. Aber die Akte war noch hier, als ich Herrn Zick den Kaffee brachte." – „Ganz sicher?" – „Ja, ich bin ganz sicher."*

Die Tür wird aufgerissen: *„Ich hatte schon vor längerem nach der Akte Winterberg gefragt, haben Sie sie endlich?"*, steht Herr Zick mit einem Stirnrunzeln in der Tür. *„Und Frau Fern?"*

Julie holt tief Luft, ob Frau Ruh jetzt auch noch so ausgeglichen bleibt? Frau Ruh schaut auf den Schreibtisch. Langsam dreht sie sich um: *„Die Akte Winterberg hat sich gerade in Luft aufgelöst und Frau Fern ist immer noch auf der Wahlwiederholung." – „Was soll das heißen? Wollen Sie mich für dumm verkaufen?"* braust Herr Zick auf.

Mit einem langen Blick mustert Frau Ruh Herrn Zick: *„Nun, das soll heißen, dass ich in dem einen Fall noch nichts machen kann, da Frau Fern nicht im Büro zu sein scheint, aber Sie können es zusätzlich noch selbst versuchen, wenn Sie Zweifel haben. Und in dem anderen Fall muss ich herausfinden, wohin die Akte verschwunden ist." – „Die Akte ist verschwunden? Das gibt es doch gar nicht. Akten verschwinden doch nicht einfach ..."*

Julie holt tief Luft. Will Herr Zick etwa unterstellen, dass Frau Ruh lügt? Sie weiß nicht, wie Frau Ruh so ruhig bleibt, dabei ist der Mann einfach unerträglich, ein richtig niveauloser Choleriker.
„Um exakt 10:53 Uhr war die Akte noch auf diesem Schreibtisch," entgegnet Frau Ruh. *„Da hatte ich den Vorgang teils auf Vollständigkeit geprüft, als Sie Kaffee wünschten. Also habe ich das Büro und die Akte bis eben aus den Augen gelassen, um Ihnen den Kaffee zu bringen. Jetzt, wo ich wieder hereinkomme, liegt die Akte nicht mehr auf meinem Schreibtisch. Genau das will ich damit sagen. Und jetzt muss ich herausfinden, wo die Akte geblieben ist. Möchten Sie in der Zwischenzeit die eingegangene Post durchgehen? Es sind zwei wichtige Schreiben darunter."* Sie reicht Herrn Zick die Postmappe. Der schaut Frau Ruh an, dann Julie, wieder Frau Ruh …

Analyse
Aggressionen gibt es in diese Szene verbal und nonverbal ausgeübt von Herrn Zick, der ungehemmt seinen Ärger herauslässt und ungeduldig bis hin zur Hetzjagd Forderungen und Anweisungen wiederholt, Darstellungen und Tatsachen pauschal anzweifelt bzw. bestreitet, uminterpretiert und Unterstellungen vornimmt. Herr Zick verfolgt durchaus ein Ziel, kein „positives", das ein Ergebnis herbeiführt, sondern er übt Druck aus und versucht, „die Puppen tanzen zu lassen". Dahinter verbirgt sich möglicherweise der Versuch, seine übergeordnete Position zu dokumentieren.
Julie wird ebenfalls aggressiv, sowohl gegen sich selbst als auch gegenüber Frau Ruh, indem sie Frau Ruh Aussagen unterstellt.
Opfer gibt es hier zwei: Julie, die sich selber als Opfer sieht, und Frau Ruh, die das Opfer der Aggressionen Herrn Zicks und sogar Julies ist.
Frau Ruh verteidigt sich, indem sie Gelassenheit und Ruhe bewahrt, die eigenen Aussagen präzisiert, Sachverhalte analysiert und präzise beschreibt, Dinge richtigstellt und Aussa-

gen wiederholt, sich Zeit nimmt und langsam agiert und sich nicht hetzen lässt, Verantwortung delegiert, den Überblick bewahrt, Aufgaben und Zukünftiges plant und den Aggressor ablenkt.

Durch Gelassenheit und Ruhe distanziert sich Frau Ruh von den Problemen und Attacken des Aggressors. Sie behält den Überblick und zieht realistische Grenzen, ohne ihrerseits ausfallend zu werden. Das schafft sie gerade unter besonders schwierigen Bedingungen, in hierarchischen Strukturen als Nachgeordnete. Es gelingt ihr erfolgreich, den Anforderungen Herrn Zicks sachlich zu begegnen und zugleich den Druck zu verringern und damit überflüssige Aktionen zu vermeiden.

Die Reaktionen Frau Ruhs sind durchweg übertragbar, gerade weil sie in einer schwierigen Situation sachlich und nicht aggressiv bleibt.

Julie dagegen versucht, ihre Unschuld zu betonen. Ihr Verhalten ist in diesem Falle keine Verteidigungs-, sondern eine Opferreaktion und damit nicht angemessen.

Szene 5

„Guten Morgen allerseits, hier die Akte Winterberg, ich hatte noch eine Information vergessen und habe sie gerade ergänzt", tönt es von der Tür herüber. Es ist Norbert Vergiss, der Kollege aus der Sachbearbeitung.

„Herr Vergiss, hatten Sie die Akte von meinem Schreibtisch genommen?", wundert sich Frau Ruh. – *„Ja, Sie waren gerade nicht im Büro, da habe ich das schnell gemacht."* – *„Danke, Herr Zick, wollen Sie die Akte jetzt durchgehen?"* reicht Frau Ruh die Unterlagen Herrn Zick durch. Dieser nickt nur und verschwindet wieder in seinem Büro.

„Ach, Herr Vergiss, bitte", Frau Ruh geht zu Norbert Vergiss an die Tür, *„gerade musste ich die Unterlage suchen. Wenn das nächste Mal so etwas ansteht, warten Sie bitte, bis ich da bin oder legen mir eine Nachricht hin, ja?"* – *„Aber es waren doch nur ein paar Minuten, da braucht es doch keinen solchen*

Aufwand!", lächelt Norbert Vergiss. *„Herr Vergiss, Sie haben schon Recht, aber leicht können doch ein paar Stunden oder Tage daraus werden, nicht? Ich kann grundsätzlich nicht akzeptieren, dass Unterlagen oder sonstige Sachen von meinem Schreibtisch verschwinden. Ich bin für sie verantwortlich."* – *„Aber Frau Ruh, also wirklich, das ist doch sehr ... , Sie sind doch sonst nicht so! Übertreiben Sie da nicht?"* – *„Herr Vergiss, respektieren Sie meine Bitte!"* Frau Ruh schaut ihn einfach nur an. – *„Hmm, hmm"*, brummelt Herr Vergiss, nickt bedächtig mit dem Kopf und zieht sich zurück.

Analyse

Auch hier sind Attacken zu beobachten, wenn auch fast schon liebenswürdig wirkende, die aus der Defensive heraus getätigt werden: Verletzung von Distanzzonen und Eigentumsrechten, Abschwächen der gegnerischen Argumentation bis hin zum Herunterspielen, Erzeugung von Druck durch emotionale Ansprache, Assoziation mit unbeliebten Eigenschaften (*„Sie sind doch sonst nicht so ..."*).

Die Attacken gehen von Herrn Vergiss aus, der abwiegelt, abschwächt und moralischen Druck ausübt. Er fühlt sich unter Druck und möchte vermutlich einen persönlichen Mehraufwand vermeiden und stellt Frau Ruh deshalb als etwas pedantisch dar.

Das Opfer ist auch in dieser Szene Frau Ruh, die sich verteidigt, indem sie Übergriffe und Attacken benennt, Nachdruck ausübt, die Vorschläge des Aggressors durchspielt, Grenzen zieht und beharrlich bleibt.

Frau Ruh will bei Herrn Vergiss eine Zusage zu einer Verhaltensänderung erreichen und setzt sie auch, trotz erschwerter Situation, da sie die Kooperationsbereitschaft des Kollegen erhalten muss, konsequent und freundlich durch, ohne sich auf Nebenkriegsschauplätze einzulassen. Ihr Verhalten ist uneingeschränkt auf vergleichbare Situationen übertragbar.

Nachwort

Nun habe ich mich bemüht, Ihnen das, was ich für das wirklich Wissenswerte rund um das Thema „faire und unfaire Dialektik“ halte, vorzustellen.
Vieles konnte ich in einem Buch dieses Umfangs nicht weiter ausführen, sondern nur anreißen. Doch alles kann und wird Ihnen nutzen, wenn Sie kreativ mit diesen Informationen umgehen.

> Unfaire Dialektik arbeitet immer damit, Sie zu emotionalisieren und zu verwirren, damit Sie nicht mehr klar und stringent denken können.

Schützen Sie sich davor, indem Sie entsprechende Mechanismen früh erkennen, Interpretationsmöglichkeiten herausarbeiten, falsche Annahmen korrigieren, Übergriffen gelassen und freundlich begegnen und in Heiterkeit auflösen oder – wo nötig – Grenzen ziehen.
Betrachten Sie sich als Helfer und nicht als Opfer, dann werden Sie mit Sicherheit künftig gelassener und entspannter leben und souveräner handeln und entscheiden.

Literaturliste

Berckhan, Barbara: Die etwas intelligentere Art mit dummen Sprüchen umzugehen. München 1996

Berne, Eric: Was sagen Sie, nachdem Sie „Guten Tag“ gesagt haben? Psychologie des menschlichen Verhaltens. Frankfurt 2004

Birkenbihl, Vera F.: Warum wir andere in die Pfanne hauen. Paderborn 2003

Dietrich, Cornelia: Rhetorik. Berlin 2005

Harris, Thomas A.: Ich bin o.k. Du bist o.k.: Wie wir uns selbst besser verstehen und unsere Einstellung zu anderen verändern können – Eine Einführung in die Transaktionsanalyse. Reinbek b. H. 1998

Lemmermann, Heinz: Schule der Debatte. Heidelberg 1986

Schuh, Horst / Watzke, Wolfgang: Erfolgreich reden und argumentieren. Ismanning 1983

Simon, Walter: Gabals großer Methodenkoffer: Grundlagen der Kommunikation. Frankfurt 2004

Schulz von Thun, Friedemann: Miteinander reden: Störungen und Klärungen. Reinbek b. H. 1981

Thiele, Albert: Rhetorik: sicher auftreten – überzeugend argumentieren beim Chef, vor Besuchern, am Telephon. Niedernheim 1998g

von Harpe, Maria: Rhetorik. Münster 2001

Stichwortverzeichnis